中国4.0

暴発する中華帝国

エドワード・ルトワック
奥山真司［訳］

文春新書

1063

日本の読者へ

おそらく世界には、政府や研究機関、そして大規模な金融機関などで働く、実に多くのプロの「中国ウォッチャーズ」がいて、その数は確実に「日本専門家」の数を上回るだろう。

その理由は、中国が日本よりもはるかに巨大であるからではない。たとえばインドも巨大だが「インド専門家」は少ない。本当の理由は、中国からは常に新たな驚きや良い知らせ、悪い知らせが出てくるからであり、良し悪しにかかわらず、その知らせが中国自身を不安定化させる可能性もあるからだ。

これは今日の中国の現実を反映している。つまり中国は北朝鮮のような「秘密の王国」

ではないが、その政府の意思決定プロセスが完全に秘密のベールに包まれているからだ。アメリカにとっては二〇〇一年九月一一日、そして日本にとっては二〇一一年の三月一一日のような、突然の予期せぬ危機を除けば、日米両政府の意思決定のプロセスは以前から広く知られている。なぜなら議会の内外でオープンな議論が行われるからだ。ところが中国政府の意思決定は、中国共産党政治局常務委員会の七つの椅子に囲まれたテーブルのある部屋や、中央軍事委員会の一一個の椅子に囲まれたテーブルのある部屋でなされるのかもしれないし、むしろ最近は、習近平自身の頭の中で決定されることが多いとも言える。

実際のところ、中国から出てきた最近の驚きの知らせは、彼が突然、「出世」したことだ。以前の彼は、単に中国の国家主席、政治局常務委員会の委員長、そして中央軍事委員会の委員長であるだけだったが、今や彼は現世代にとっての「核心的リーダー」であり、まるでかつての毛沢東のような存在だ。これは、彼自身が二〇一二年にその後を引き継いだ前任者で、トップを務めながらも控え目だった胡錦濤とは異なるあり方だ。

この「核心的リーダー」という言葉の本当の意味を知っている人間は、一三億七九八三万九三四五人の中国人たちの中には一人もいない。なぜならその意味を決められるのは習近平だけであり、彼自身もその意味を明確にしようとは思っていないからだ。この言葉の意味を自分で説明しようとする新聞の編集者や党のリーダーたちは、確実に仕事を失うことになるし、党内部の意思決定プロセスの秘密を暴露したりすれば、自分自身の身の自由さえ奪われることになる。

こうしたことが日本にとってどんな意味を持つのかを定義するのは難しくないが、以下に説明する三つの「逃れられない現実」を受け入れるのは極めて難しい。そのため、人々は目の前に展開される現実よりも希望を見たがって、現実から目をそらそうとしている。

第一の「逃れられない現実」とは、一三億人のための意思決定が、たった七人の意向で決まるということであり、さらにはそれが、次第にたった一人の手に委ねられつつあるということである。こうなると、恐ろしく、しかも大規模かつ信じられないほど愚かな判断ミスが起こっても、さらにはその最悪の結果が誰の目にも明確になった遥か後になっても、政策が修正されずにそのまま続けられる可能性がある。

最近の例としては、人民の衣食住が足りるようになった後でも、最速・最大限の工業発展を必死で追求していることが挙げられる。これはとりわけ二〇〇〇年以降の中国によく当てはまる話だ。その結果、川や土地を誰の目にも明らかなほど汚染し、流産、肢体の不自由な子どもの出産、不妊状態が女性に日常的に見られるほどの大災害につながっており、一人っ子政策の廃止そのものを無意味にしている。

内政だけでなく、中国の外交も問題を抱えている。それは、胡錦濤政権時代に始められた「チャイナ2・0」という対外政策だ。これこそ、日本、フィリピン、インドネシア、マレーシア、ベトナム、そしてインドとの領土紛争を開始・再開させることになった原因である。そしてこれが同時に、各国の中国に対する反発を不可逆的に引き起こす原因ともなり、さらに逆説的な結果として、太平洋や世界におけるアメリカのリーダーシップの強化を、アメリカ自身の努力なしに実現する原因となったのである。

これを書いている現時点で、世界の株式市場は不安定な状態にあるが、その大きな理由の一つは、中国にある。長年にわたって大成功を収めてきた中国の経済政策も、いまや大規模かつ信じられないほど愚かな失敗になりつつあるのだ。中国は破滅的な「反腐敗」運動を含む「改革」を、あまりにも一気に、しかも急激に行っている。

第二の「逃れられない現実」は、とりわけ日本にとって重大だ。中国に対する警戒を怠らず、日本の離島を守る（もしくは迅速に奪還する）ための実際的かつ現実的な準備を、誰の助けも借りずにしておかなければならないという現実である。もちろんアメリカは、日本の安全を全般的に保障する立場にあるのだが、日本はすべての小島や岩までアメリカに守ってもらうことまで期待すべきではない。

何年後か、何カ月後か、さらには本書が発売されるまでのいずれかの時点で、中国の「核心的リーダー」である習近平が、過去の無礼を認め、日本の領土の主権を完全に尊重すると謝罪することは、全くあり得ないことではない。そしてその反対に、その権力基盤が脅かされているから、もしくは脅かされていないから（！）という理由で、習近平が誰にも相談することなく、尖閣諸島の占領を軍に対して突然命じることも同じくらいあり得るのだ。

もちろん他国もこのような唐突な政策を実行することはあり得るが、一般的に独裁者が支配する小国が行うことであり、一三億人の人口を抱える大国がやることではない。

第三の「逃れられない現実」は、はるかに喜ばしいものだ。本格的に行われた意識調査によれば、全イスラム教国のおよそ一五％の人々は、自分たちの宗派に改宗させるための宗教闘争に熱心であることが示されている。ところがいまや共産主義のイデオロギーは死滅し、一三億人の中に狂信主義者は圧倒的少数で、むしろ豊かな才能を持った人材も出てきており、単に富だけでなく、人道的な徳を求める人々も次第に増えてきている。

たとえば、反体制派が治安警察から逃れる際に完全に見知らぬ人々から助けを受ける例がある。また、ビジネスマンが利益だけを追求するのではなく、リベラルな政策や権力の干渉を受けない教会を支援している例もある。さらに中国のネット閲覧者には知られているように、二〇一一年三月に「大災害が小日本を襲った」と喜んだ中国の反日派は、東北の人々への同情がないとして、何千人もの中国国内の人々から逆に非難されたのだ。

習近平は、自分以外の一三億人の中国人を、北朝鮮のように小国の中に閉じ込めることができないままコントロールしようとして、毎日困難な事態に対処しているわけだが、そのコントロールも日ごとに失われている。なぜなら中国の人民は、本を読むことができるし、海外旅行もできるからだ。

長年にわたって、中国ではナショナリズムが共産主義にとって代わるものであると恐れられてきた。そのような人の中には、民主主義が危険であると述べた（さらにはそう信じていた）人もいたほどだ。なぜなら民主主義が侵略的な軍事ナショナリズムを湧き上がらせてしまうからだ。実際のところ、われわれが現在目撃しているのは非民主的な軍事ナショナリズムであるが、これでさえ芝居じみたパフォーマンスでしかない。自国のために死ぬのは気高く素晴らしいことであると本気で信じている中国人は少ないように見えるからである。

ここでの良い知らせは、世界の文化と人道的な徳の受容が、中国国内で着々と進んでいるということだ。中国の人々は現在の共産党政権よりもはるかに進んだ存在である。したがって、われわれが心配すべきは、短期的な展望だけ、ということになる。

二〇一六年二月八日　メリーランド州チェビー・チェイスにて

エドワード・ルトワック

中国《チャイナ》4・0　暴発する中華帝国◎目次

序章　中国《チャイナ》1・0——平和的台頭

戦略的に成功した「チャイナ1・0」

本書のテーマは、中国の対外戦略の分析と、それに対して日本のとるべき政策の提言である。

一九四九年に成立した中華人民共和国では、一九七六年に毛沢東《もうたくとう》が死んで、ようやく恐怖政治が終わった。その後を継いだ鄧小平《とうしょうへい》は、経済を開放したが、一九八九年に天安門の虐殺事件を引き起こした。その鄧小平も一九九七年に死に、中国は二〇〇〇年代に入って、とうとう「チャイナ1・0」とでも言うべき新しい姿で国際社会に登場した。これが「平和的台頭」である。

この台頭に込められていた北京のメッセージは非常に明確なものであった。それは「中国はさらに豊かになり、さらに近代化し、その経済規模は日本を越えて、いつの日かアメリカに迫る」というものだ。

ところが同時に、そこには別のメッセージも込められていた。それは「どの国も、中国経済の台頭を恐れたり、反発したりする必要はない、なぜなら中国の台頭は完全に平和的なものであり、また既存の権力構造を変化させず、国際的なルールにも従うからだ」というものだった。つまり中国は諸外国に独自の経済ルールを押し付けるようなことは考えておらず、GATT（関税及び貿易に関する一般協定）にも参加するし（これはのちにWTO

（世界貿易機構）になった）、国際法も順守する。したがって、私的財産権や知的財産権、そして著作権などを定めた国際法にも従うということになる。

私自身も、この「チャイナ0」から「チャイナ1・0」への移り変わりを実際に体験することになった。かつて中国では、政府機関でさえ、著者に無断で海賊版の書籍をつくり、配布していた。たとえば私が一九八七年に出した『エドワード・ルトワックの戦略論』（武田康裕・塚本勝也訳、毎日新聞社、二〇一四年）は、人民解放軍が勝手に翻訳して使っていた。ところが「チャイナ1・0」になると、彼らのほうから交渉を持ちかけてきて、過去に出版した『ローマ帝国の大戦略』（未邦訳）という本の中国語訳を正式に出版し、印税も払ってくれるようになったのだ。

この当時の中国は、どの国にとっても恐ろしい存在ではなかったし、国際秩序に対しても脅威になってはいなかった。領海や国連海洋法条約、それに国際的な金融取引の取り決めなど、私的・公的を問わず、中国は実に多くの面で国際法を守っていたからだ。これが「チャイナ1・0」であり、それを代表していたのが鄭必堅《ていひっけん》や「ボアオ・アジアフォーラム」などだ。「チャイナ1・0」は、中国に政治・経済の両面において、非常に大きな成功をもたらすことになったのである。

二〇〇〇年頃に始められたこの公式の政策において重要なのは、その当時の中国が、国際社会に統合されることを公式には認めていなかったという点だ。彼らは国内の一党独裁体制は維持しながら、それ以外の国際的なことは「受け入れる」としただけであり、それについて交渉する意志は持たなかったのだ。たしかに権利関係では妥協はするが、それでも国内的な体制と国際的な慣習を混合させて「受け入れただけだ」というのだ。

戦略の論理

ではなぜ「チャイナ1・0」が最も成功した戦略となったのであろうか？　ある国家が台頭し始めると、通常の場合はその国がいかにおとなしくしていようと、あるメカニズム、つまり「戦略の論理《ロジック》」というものが発動するようになる。つまり規模が大きくなり経済的に豊かになり、軍備を拡張するようになると、何も発言しなくても、他国がその状況に刺激されて周囲で動き始め、その台頭する国に対して懸念を抱くようになる。

たとえばロシアの立場であったら、通常は中国陸軍の規模や編成に警戒するようになるし、アメリカだったら中国海軍に注意を払うようになる。日本の場合は中国の空軍を警戒するようになり、万が一の紛争に備えることになる。中国側が何かを仕掛けようと考えていなかったとしても周辺国の警戒感が高まり、このような警戒感にもとづいた動きが発生してしまうものなのだ。これが国際政治の国家間に起こる「戦略の論理《ロジック》」である。

ところが「チャイナ1・0」は、このような「戦略の論理《ロジック》」を完全に押さえ込むことに成功した。他国は中国の台頭をただ傍観したまま、それに対して警戒的な反応を示すことは全くなかったからである。ロシアもアメリカも、さらには日本でさえも、中国の台頭に対抗するためにそれほど軍備増強をしたわけではない。

内的バランシングと外的バランシング

ある国が台頭する場合、大きくわけて二つのことが起こる。一つは「バランシング」(balancing)である。これは自国のリソースを使って軍備を増強する動きである。もう一つは外国との同盟関係を増強することによって抑えこもうとする動きだ。前者を「内的バランシング」(internal balancing)、後者を「外的バランシング」(external balancing)と呼ぶ学者もいる。とにかく台頭する国に対して、通常は大きくわけてこのような二つのパターンの動きが発生する。

バランシングが発生すると、たとえば以前は台頭する国家と仲が良かった国でも、もともと自分と仲が悪かった国とあえて同盟関係を構築してまで、台頭しつつある国を封じ込めようとする場合がある。また、台頭する国家の経済規模が大きくて非友好的な場合、たとえばEU（欧州連合）のような同盟国による組織が、関税をかけたり経済制裁を行うこともある。日本は、過去に中国に対して経済支援を行っていたが、バランシングが発生すると、これも見直したり停止したりする可能性が出てくるのだ。

一九七二年以降のアメリカの対中政策は「毛沢東率いる中国をあらゆる面で助けて国力をアップさせ、ソ連に対抗させる」というものであった。ところが二〇〇〇年代後半になると、アメリカは中国があまりにも豊かになりすぎることを恐れ始めた。たしかに中国は余剰資金を軍備増強に使い始めているし、国防費のGDP（国内総生産）に対する割合が一定であっても、GDP全体が爆発的に伸びているために、結果として国防費は莫大になってきたからだ。

このような動きは、すでに二〇〇〇年頃までには本格的に始まっていた。しかし、「平和的台頭」のポジティブな面として、中国は国際的な規範や制度、そして法律などをよく守り、WTOやIMF（国際通貨基金）にも加盟したために、結果として誰にも脅威を与えなかった。だからこそ中国は、自動的に発動するはずの「戦略の論理《ロジック》」の結果である、他国のバランシングの始動を遅らせることができたのだ。

平和的台頭と台湾問題

ここで注意しておきたいのは、この期間を通じて、中国には衝突や戦争につながる危険性をもった、いわゆる台湾問題が残ったままであったことだ。

台湾問題の第一のポイントは、北京が常に「台湾は中国の一部である」と宣言してきたことにある。したがって北京の理屈では、台湾に対する動きというのは、それがいかなるものであったとしても、「国内問題」であり、「平和的台頭」に反するものではないことになる。台湾は「中国の一部」であるために、軍隊を台湾に派遣してもそれは「侵略」にはならない。もし台湾側が抵抗したら、それは「反乱軍」となる。

これこそが鄧小平が中国の公式な立場として加えたものだが、あくまでもこれは「理屈の上での話」でしかなかった。北京は、実際は軍事力を行使しなかったし、台湾問題を解決しようともしていなかったのである。

また、中国が、アメリカや世界に対して「われわれは軍事力を行使しない」と政治的に約束をしていたことも重要だ。彼らは「台湾問題は交渉を通じてのみ解決する」と公式に表明しており、軍事力やそれによる脅しは使わないとしていたので、国際的にもそれほど懸念は抱かれていなかったのである。

結果として、「チャイナ1・0」は、中国の実際の台頭を平和裏に、しかも周辺国の警戒感を呼び起こすことなく実現したのである。潜在的には一九七〇年代後半から始まり、二〇〇〇年代初めから二〇〇九年末まで明確に採用されていたこの政策は、中国に経済面での富をもたらし、それに対する目立ったリアクションも起こさなかったのである。

本書では、まず最初に、この一五年ほどの間に三度変更された中国の戦略について、それぞれ説明していくことにする。私はそれらを「チャイナ1・0」、「チャイナ2・0」、そして「チャイナ3・0」と名付けており、この区分にもとづいて、さまざまな戦略論を展開していくという流れだ。

次章以降、「チャイナ2・0」から順次見ていくが、結論からいえば、中国は戦略の下手な、極めて不安定な国なのである。それに対して周辺国は、すべての国に当てはまる「戦略の論理《ロジック》」を見極め、それに冷静に対処していくことが求められる。日本もこの例外ではない。これらを踏まえて、私は最後に日本のあるべき対中戦略を提言する。

第1章

中国2・0——対外強硬路線

祇園精舎《ぎおんしょうじゃ》の鐘の声、諸行無常《しょぎょうむじょう》の響きあり。娑羅双樹《さらそうじゅ》の花の色、盛者必衰《じょうしゃひっすい》の理《ことわり》をあらはす。おごれる人も久しからず。ただ春の夜の夢のごとし（『平家物語』より）

二〇〇〇年以降、世界に対して「平和的台頭」(1)を示してきた中国であるが、その成功の理由は、北京のリーダーたちが、合理的な費用対効果の推測を含んだ冷静な計算を行い、日本や米国をはじめとする国々から支援や投資を受けることができたからだ。北京政府にとって、このような幸運から得るべき教訓は、当然ながら、「チャイナ1・0をそのまま続けろ」「中国は『祇園精舎の鐘の声』から先に行くべきではない」というものであるはずだった。

北京にいる中国のリーダーたちは、国内の激しい内部闘争を生き抜いてきた人物たちばかりである。彼らは権力を失ってしまえば、自分だけでなく、家族や親族までも命を失う恐れがあることを知っており、過酷な状況を生き抜いてきたリアリストだ。したがって、彼ら自身、「平和的台頭」さえ維持すれば、中国は反発を受けることなく、外海の荒波に揉まれることもなく、まるで琵琶湖のような、穏やかな湖にたとえられる国際環境を漕いでいけるはずであることを熟知していた。

また、中国の指導層だけでなく、台頭しつつある知識階級や、中国社会科学院周辺のアドバイザーたちも、中国は別の方向に舵を切るべきではないと知っていた。彼らの「脳」、つまり理性的な計算にもとづいて、「平和的台頭」が正しいことを十分理解していたのである。

ところが、リーマン・ショック後の二〇〇九年一月になると戦後最大の国際金融危機の実態が明らかになり、世界経済の構造が変化しはじめた。このおかげで、彼らは舞い上がってしまったのである。中国が経済力で世界一になるのに「二五年かかる」と思われていたのが、「あと一〇年しかかからない」と思い込んでしまった。ここで突然、「祇園精舎の鐘」が鳴った。中国は三つの大きな間違いを犯したのである。

本章では、この「三つの錯誤」が一体どのようなものであったかを中心に話を進めていこう。

第一の錯誤——「金《カネ》は力なり」

第一の錯誤は、経済力と国力の関係を見誤ったことだ。

これは中国の知識人たちの犯した、完全な間違いである。要するに「金《カネ》は力なり」

(money talks) ということであり、これが外交分野で実践されると「小国のところまで出向いて金《カネ》を渡せば、相手は黙る」という勘違いにつながる。金《カネ》がパワーそのものであり、これを渡せば相手はおとなしくなって自分たちに従うだろう、という安易な考えだ。つまり、中国の識者たちは「経済力の規模と国力との間に線的《リニア》な関係性がある」と思い込んだのだ。誰にも言い訳ができないほどの、ひどい間違いである。

もちろん中国のリーダーたちは哲学者ではないのだが、それでも彼らは過去の歴史を参考にすることくらいはできたはずだ。実際、一〇年ほど前の『フォーリン・ポリシー』誌で、カーター政権の国家安全保障問題担当大統領補佐官であったズビグニュー・ブレジンスキーが、当時の中国のトップたちが、過去に台頭した国の歴史を研究していたことについて報告している。ここでも実際の歴史の例から考えてみよう。

たとえばイギリスの経済的なピークは一八六〇年代であったと言われ、一八九〇年代までにはその優位をほぼ失っており、一九七〇年代にはイタリアと同程度の経済規模まで落ちている。

ところが経済力を失っても、イギリスは二つの世界大戦で勝者となった。一方、当時の中国は、イギリスにとって単なる「領土」でしかなかったのである。第二次大戦時の中国は、日本がその領土内を自由に活動することを許していたほどで、自国さえろくに守れない状態であった。イギリスはその間に、北アフリカ、欧州本土、そしてアジアで戦っており、しかもそれらの戦いに勝利しつつあったのだ。

フランスを見ても同じことがいえる。フランスも一八九〇年以前から経済的には落ち込んでいるのだが、二〇一五年になっても西アフリカでは支配的な位置を占めており、世界的な国際機関でも大きな影響力を発揮し、欧州での影響力も圧倒的だ。

国力と経済力のずれ

ここで覚えておくべきなのは、経済力と国力の間には「先行」(leads)と「遅れ」(lags)が存在するということだ。経済力が弱体化しているのに影響力は強いという例が、歴史上にいくつも発見できるのである。

すでに述べたように、イギリスは一八九〇年代にすでに経済力を落とし始めたが、それでも一九四五年、さらには一九七〇年代まで絶対な影響力を誇っていたことは特筆すべきであろう。

フランスも世界的な経済力を持っているわけではないが、たとえば二〇一三年、フランスのフランソワ・オランド大統領は、アフリカ西部のマリ共和国での軍事的敗北を防ぐために自ら電話をかけて、セルヴァル作戦を開始する指示をフランス軍に与えている。この作戦の重要なところは、フランスの大統領が国連に何も報告せず、NATO（北大西洋条約機構）にも相談せずに、ドイツやイギリス、そしてイタリアやアメリカにも相談せずに（作戦を始めた後にアメリカが兵站の協力を申し出て、フランスはこれを受け入れたが）、自軍の指揮官に対して、自国よりも大きな国土を持つマリで作戦を行い、フランスの旗を上げろと指示したことだ。

　このように、ある国の大統領が他国の領土に対する侵攻を自軍に指示できるというのは「大国」（great power）である証拠だ。これこそ公式な「大国」の定義に当てはまる。フランスの一・四倍の経済規模を誇り、兵士も多く、艦船も多いドイツであっても、フランスのように自軍に指示を与えて他国を侵攻するようなことはできない。

　近代史を見ていくと、おそらく経済力の「先行《リーズ》」と、国力の「遅れ《ラグ》」の間には、五〇年から一〇〇年の差があるように見える。もちろんこれに対して「それは現代には当てはまらない古い考え方だ」と批判できるかもしれない。ところがこのような現象は、一九六〇年代や七〇年代にも現に存在したのである。

今日のイギリスの経済力は確かにイタリアを多少上回る程度だが、その影響力を比較すれば、おそらくイタリアの一〇倍はあるように見える。二〇一五年のイタリアの首相は、難民の流入から本土を守ることさえできていない。彼はEUや世界に助けを求めるくらいしかできないのだ。これは単なる人員や船の数の問題ではなく、政治指導層や政治的権威、そして大国的な精神の欠如に、その原因があるのだ。

中国のリーダーたちも、文化的な影響による視点の「歪み」を抱えているために、いざ外交となると、「金《カネ》は力なり」を実践してしまったのである。後に詳しく説明するが、中国は、資金を豊富に与えることによってミャンマーは黙るはずだと勘違いしてしまったし、アメリカに対しても中国の大規模なマーケットをちらつかせれば態度を変えるだろうと見誤っている。

要するに、中国は、自分自身が置かれている状況を完全に理解できていないのである。もちろんリーマン・ショックは世界経済にとって大惨事であったとしても、中国が他の世界的な先進国のレベルに追いつくまでには、おそらく今後五〇年以上はかかると思われる。たとえば中国が空母を建造したり、航空作戦のオペレーションを熟達させたりして軍事面にすべての力を注ぎ、しかもアメリカが今後まったく空母を建造しなくなったとしても、中国がアメリカの軍事レベルに追いつくには、最速でも二〇年はかかると見られている。これこそが、「経済力」が先行していても、本物の「国力」が追いつくのには時間がかかり、「経済力」と「国力」にはタイムラグが存在する、ということの意味だ。

そしてこの点を見誤っているのが、中国の「第一の錯誤」なのである。つまり中国は、経済力と国力の関係性を見誤まって、「金《カネ》は力なり」という、非常に視野の狭い、反知性的で短絡的な考えに囚われ、外交でも「経済力を使えばゴリ押しできる」と考えて、大きな間違いを犯している。

第二の錯誤——線的な予測

第二の錯誤は、二〇〇八年に米国経済が急降下して、その状態が二〇〇九年まで続いたために、中国のリーダーたちが経済学入門コースの学生のような間違いを犯してしまったことだ。その間違いを端的にいえば、「線的な予測」(linear projection) ということになる。

再び過去の例を見てみよう。日本が二〇世紀後半に高度成長をしている時に、日本の中だけでなく、その同盟国や敵国の中でも、「日本はもうすぐ欧米全部を組み合わせた以上に大きくなる」と予測されていた。そしてこれは、単なる時間の問題だと見られていたのである。

ところが人間社会では「線的な予測《リニア》」というものが実現したことは決してない。「線的《リニア》な予測」は、大学の基礎入門コースの学生たちが犯すような間違いなのだ。

リーマン・ショック当時の予測は、二〇〇八年から二〇一八年までは「アメリカの経済成長率の低下は続き、中国の経済成長は高止まりで続く」というものであった。二〇〇八年から二〇〇九年までのアメリカ経済の縮小は今後も続き、中国の経済成長は一〇％から一二％になると予測されていた。ところがこれは完全な計算違いであったのである。

「線的《リニア》な予測」には二つの特徴がある。第一の特徴は、その結末を簡単に予測しやすいということだ。一〇〇が一〇五になり、その次に一一〇になるというように。

第二の特徴は、それが人間社会にこれまで決して存在したことがないということだ。ローマ帝国が誕生して以来、人間社会の経済活動では、全く同じ状況が五年から七年続くということはなかったのである。ところが中国は、まるで自分たちの好調な経済成長が二〇年間続いていくような予測を信じてしまった。その原因は、ゴールドマン・サックスという金融企業にある。

読者の中には、二〇〇〇年代始めにゴールドマン・サックス社が「ＢＲＩＣｓ」というアイディアを売り込みはじめたことを記憶している方がいるかもしれない。これは、ブラジル・ロシア・インド・中国で構成されていた新興国をまとめて呼んだ名称だ。たしかに当時のブラジル経済は成長過程にあり、ロシアは天然資源や先物取引商品の生産を拡大しており、インドはマンモハン・シン首相が経済改革を断行し、長年停滞していた社会主義を離れてめざましい成長をはじめていた。一方、このような国のまとめ方では黒人国家が入っていないので人種差別だという批判を受けて、ゴールドマン・サックス社は後にこれに南アフリカを加えて最後に大文字の「Ｓ」をつけて「ＢＲＩＣＳ」としたのだ。その当時は南アフリカもネルソン・マンデラ大統領の下で成長が続いており、白人は国外に逃げていたが、投資そのものは潤沢に行われて経済は活発であった。

China up, US down

このような状況にあったので、中国はそれに釣られて将来予測を見誤ったわけだが、ここで重要なのは、ゴールドマン・サックス社が、この将来予測に深く関わっていたことと、彼らが単なる一つの営利企業であり、その実態は、単なるセールスマンの集団だったことだ。彼らはこれらの国々への投資案件を積極的に売り込んでいたにすぎない。

彼らの宣伝をまともに受けてしまった中国のリーダーたちは、二〇〇八年から二〇一八年までの一〇年間に一〇%から一二%の経済成長が続くはずだと勘違いしてしまった。同時にアメリカ経済も一〇%ずつ毎年縮小していくと見誤ってしまった。「アメリカが下がって中国は上がる」という、投資を売り込むための予測に飛びついたのだ。彼らは「線的《リニア》な予測」を行ったのであり、「事態がこのまま進めば、中国はアメリカをすぐに追い越せる」と勘違いしたのである。

私は二〇一〇年一月に北京を訪れたが、当時、実に多くの中国の政府高官たちが、こうした線的《リニア》な予測を口にしていた。外交部の副部長であった美しいモンゴル人女性である傅瑩女史もそうで、彼女は私も参加した中国人民解放軍軍事科学院でのスピーチで、一つのフレーズを何度も強調していた。“China up, US down”と。

ゴールドマン・サックス社だけではなく、モルガン・スタンレー社も含んだ「セールスマン」たちの予測に完全に騙されて、中国は「第二の間違い」を犯した。これはまるで男性が女性に対して甘言をつかって言い寄るようなものであり、この時の女性の立場にあったのが中国だ。しかも単なる女性ではなく、ことさらナイーブな女性だったのが中国だ。

とても綺麗だが農村から新宿に出てきたばかりのウブな女性が中国で、都会の遊び人のイケメンの男性がゴールドマン・サックス社、という構図だ。

これを受けて北京周辺の知的階級から盛り上がってきた議論は、「(当時の中国の国家主席であった)胡錦濤《こきんとう》は弱い、われわれの政策は弱い。これからわれわれは物事を決定する立場に移るべきだ」というものであった。要するに、北京周辺の人間たちは、胡錦濤は中国のパワーを十分に行使していないという見方をするようになったのである。そしてこれをきっかけとして、中国は、突然、古文書や資料などにあたって、領土や領海の面で強硬な主張をはじめることになった。

荒唐無稽な「九段線」

とりわけ南シナ海の領土を主張した、いわゆる「九段線」の描かれている地図は象徴的だ。

これは、そもそもが現政権のライバルであった蔣介石率いる中国国民党(現在の台湾の政党)によって十一段線として描かれたものが元になっており、しかも元の地図が描かれた当時の中国は、外国の船が上海の黄浦江に入ってくるのを阻止することさえできなかっ

中国が主張する九段線

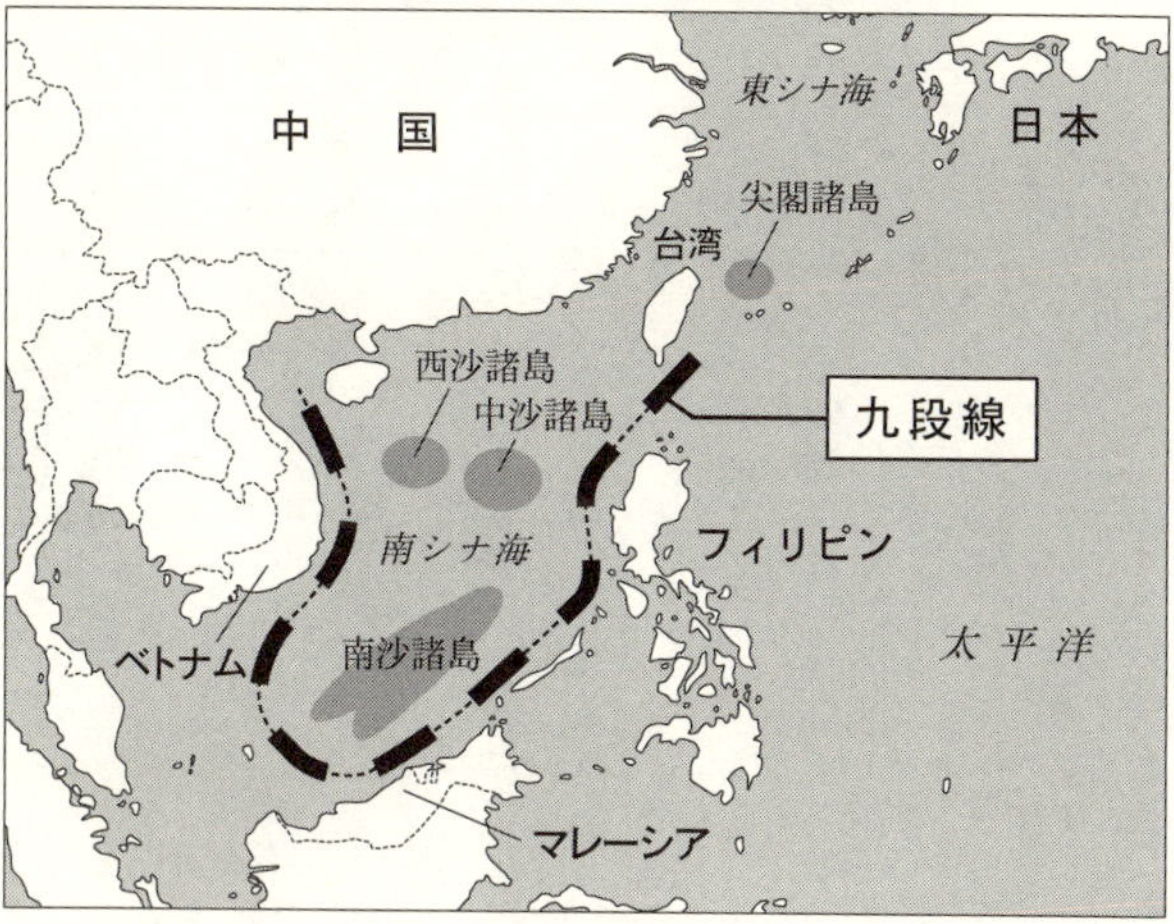

たほど無力な存在であった。この地図の作成者は、酒を飲んで酔っ払った勢いでこのようなものをでっち上げたのだ。つまりこれは、彼らの単なる「夢」や「願望」を描いた地図であり、中国がいつの日か強くなった時に獲得できればいいという幻想を図説化したものにすぎない。実際の南シナ海は、三五〇万平方キロにも及ぶ広がりをもち、現在の北京政府は、この地図を元に、そのうちの二〇〇万平方キロが中国の領海であると主張している。これはまるで、ハリウッドの綺麗な女性をすべて手に入れた後にニューヨークのすべての銀行の金を手にいれるような、まさに荒唐無稽な「夢」を描いたものだ。

すでに第一と第二の間違いから自らのパワーに酔っていた中国は、このような「幻想」を土台として、ナツナ諸島の領有権をめぐってインドネシアとまで衝突することになった。インドネシア側にしてみれば、中国とはそれまでインドネシア国内の華僑《かきょう》に関する人種差別問題の懸念が国内にあっただけで、領有権問題など存在していなかった。マレーシアや、さらにはブルネイ王国のようなボルネオ島にある小国の場合も、状況は似たようなものであった。

ところが、この地図が登場してきたおかげで、彼らは、突然、目を覚まされることになる。この地図は、実質的に「中華人民共和国はあなたがたの海をすべて自分のものとして要求する」と宣言するに等しいからだ。彼らにしてみれば、「中国はあなたの家に来て勝手にあなたがたのパンを食べて行きます」と言われているようなものだ。

とりわけブルネイの場合は、ほぼすべての石油がオフショア、つまり沖合の海底から産出されているわけで、これは「パンを根こそぎもらっていきます」と言われたに等しい。

フィリピンは、一九九〇年代にアメリカをスービックの軍港から追い出していた。彼らは、アメリカの水兵たちが町の通りであけっぴろげにフィリピン女性とセックスしているのを見かけるのに疲れ、古くをたどれば、一八九八年の米西戦争以来のアメリカの侵攻に怒りを感じていた。そしてピナツボ火山の噴火のおかげでアメリカ軍はすでにクラーク空軍基地から撤退していた。さらにスービックの海軍基地も返還してもらい、フィリピンは実質的にアメリカを追い出していた。フィリピン上院が一二対一一の票決で自国から米軍基地を撤退させることを決定した時、フィリピン国民は、パーティー気分で浮かれた。ところがその喜びも、中国の荒唐無稽な地図によって打ち砕かれたのだ。

ここまでの話をまとめてみよう。中国は「第一の錯誤」として、本物の国力を手にできるのは、経済力に五〇年以上遅れることを見越せなかった。そして「線的な予測《リニア・プロジェクション》」が「第二の錯誤」である。「中国が上がって、アメリカが下がる」という予測だが、彼らに自覚できなかったのは、線的なトレンドというものは絶対に長続きしないという歴史の真実だ。上がるものは下がるし、下がるものは上がる。経済状況は絶えず変化し、経済が急発展した国では、突然、労働者が働かなくなるような場合もあるのだ。

ちなみに二〇一五年末の現時点では、アメリカ経済の縮小は下げ止まりし、逆に中国の成長率は一二%から七%以下に落ち始めている。

第三の錯誤——大国は二国間関係をもてない

最後の「第三の錯誤」は、他国との「二国間関係」(bilateral relations)を持つことができると思い込んでしまったことだ。

たとえばこれは、中国が「日本との関係」を、単なる「日本**だけ**との関係」という二国間だけで解決できる問題だと勘違いしてしまうことである。

もちろん中国が弱小国であったなら、このような二国間関係を持つこともできる。フィリピン、ベトナムなどに対しても、二国間関係として個別に対応できる。

ところが中国が強力になり始めた瞬間に、そうした他国との関係は、単なる「二国間」にはならなくなるのだ。

たとえば中国がベトナムと外交的に揉め事を起こせば、ベトナム側を助けようとする国が出てくる。「次は自分の番になるかもしれない」と考えた他国が、「もしそうなら次にターゲットになる前にベトナムを助けておこう」と思うからだ。仮に中国が南シナ海のスプラトリー諸島での領有権を主張すれば、ベトナム以外の他国もそれを拒否する側に加わるような行動を起こす。

大国は小国に勝てない

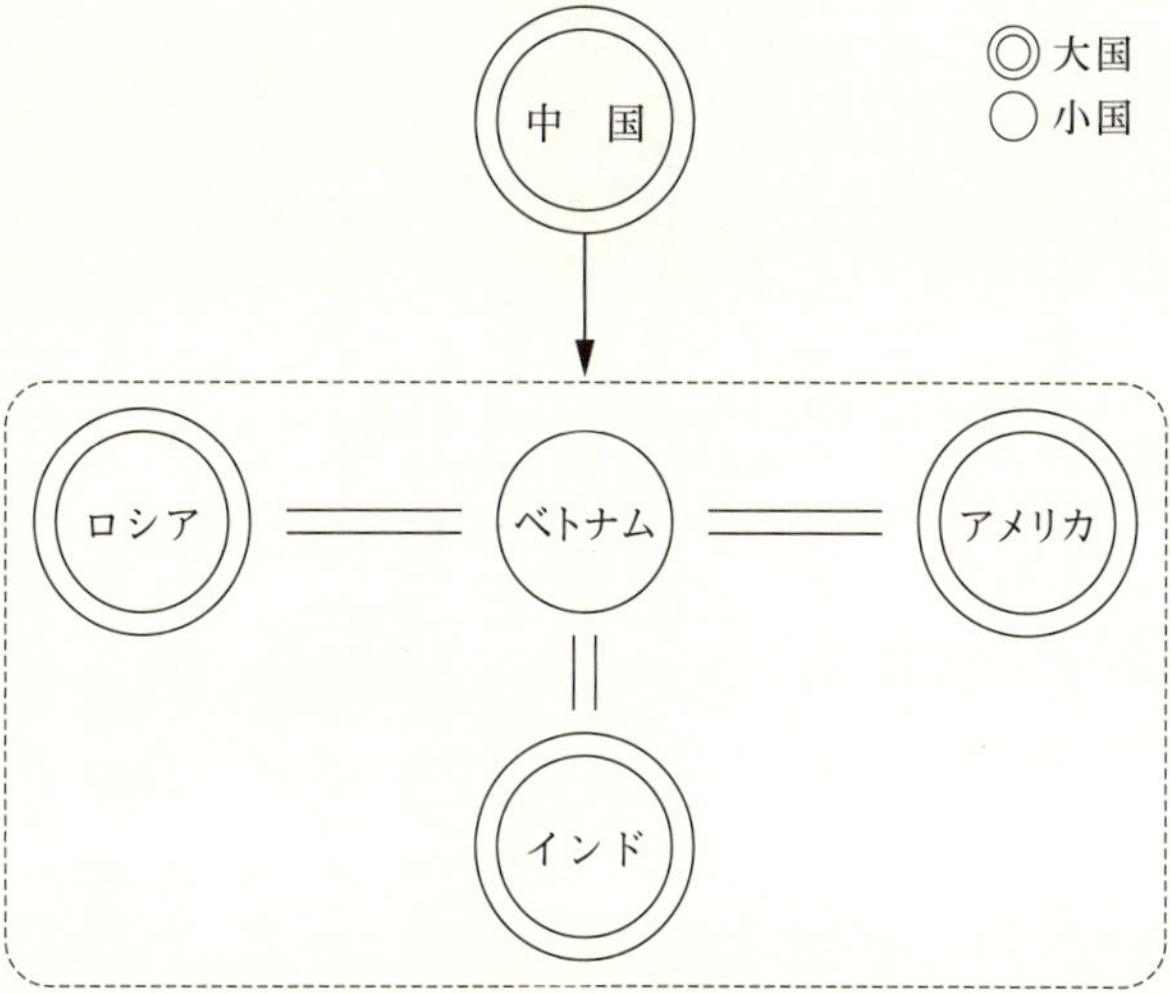

小国を支援する第三国

このような状況では、たとえば第三者で中国と国境を接しているインドなども、ベトナムに接近し、ベトナムがロシアから潜水艦を買うとなると、訓練施設を提供したりするのである。

実際、インドによるベトナムへの訓練施設の提供は、極めて重要な意味を持つ。海洋関連の国際関係では、潜水艦が重要になってくるが、潜水艦の乗組員の養成には時間がかかる。潜水艦の中だけで訓練をするわけにもいかず、外にシミュレーターを必要とするからだ。インドにはこのような訓練施設を備えた海軍基地があり、壁に潜水艦の操舵《そうだ》装置が組み込まれていて、下士官が乗組員に対して後ろから操舵のための指示を与えながら訓練することができる。これは潜水艦の艦内では不可能だ。

潜水艦を購入すれば、乗組員を訓練する必要が出てくるわけであり、確実な操舵ができるまでには少なくとも二年ほどの期間が必要になる。それでも十分ではない。本格的な戦闘を行うには、さらに長い訓練期間が必要になってくるからだ。しかもこのような訓練施設を陸上につくるのは、まるで同じ潜水艦を、もう一隻別に購入するようなものである。

ベトナムはロシアから潜水艦を購入したが、インドも同じ潜水艦を購入しているので、ベトナムに対して訓練施設を提供できた。つまり中国がベトナムと二国間関係を構築しようとしはじめた瞬間に、インドがベトナムを助けるために介入してきたわけである。

日本もベトナムに対して経済支援をすることで介入してきた。さらに中国がフィリピンと揉め事を起こしそうになると、日本はフィリピンの沿岸警備隊に中古の巡視船を譲り渡している。

それ以外のことも起こっている。ベトナムは、オーストラリアと戦略対話とインテリジェンスの共有を始めている。オーストラリアは、すでにアメリカと情報共有（エシュロン）をしており、ニュージーランド、カナダ、イギリスも、すでにアメリカと同じ情報共有コミュニティーに所属している。したがって、ベトナムはオーストラリアと関係を結ぶことによって、そこからさらに有益な情報を引き出すことができるようになるのだ。中国の台頭が、他国同士の協力関係を促進したのである。

発動する逆説的論理――強硬路線が敵を増やす

中国が弱小国に圧倒的な立場から交渉を迫れると考えてしまったことが間違いなのだが、これは実際に不可能だ。その理由は、小国は常に他の大国と関係を持てるからだ。他方で、大国側は、小国と二国間関係を持つことはできない。たとえば中国の外交部がＡＳＥＡＮ（東南アジア諸国連合）の国々との多国間交渉を突っぱねて、「二国間でやる」と主張しても、小国の誰も二国間関係は望まないし、小国は他国の支援によって、孤立せずに済むからだ。

さらに別の要素も入ってくる。中国に睨まれた小国を助けるために、他の大国が同盟を提供し始める。しかも、他の大国が介入しはじめると、それら同士で中国に対して同盟を組み始める。要するに、中国が大きくなればなるほど、それに対抗しようとする同盟も大きくなるのだ。

逆に考えてみると、たとえばベトナムに対抗しようとして大きな同盟がつくられることはない。それは、ベトナムが小国であるからだ。

これが戦略の「逆説的論理《パラドキシカル・ロジック》」による冷厳な真実だ。ある国が大きくなって、しかもそれが「平和的台頭」でなければ、台頭して強くなったおかげでかえって立場が弱くなることが容易に起こるのである。

このようなことはビジネスなどの世界では起こらないが、戦略のあらゆる分野では起こる。もし中国が中規模の国で、小国を脅迫したり邪魔しようとするならば、その小国は、中規模の国や大国を頼ることになり、最初の状態よりも中国自身は弱い立場に置かれることになってしまう。

もちろんこの場合、中国も、このような状態を踏まえて、経済力を大きくしようと努力し、国防費に多くを投入して国力を上げようとするかもしれない。だが、その方策が成功するかといえば答えは「ノー」だ。なぜなら他国がその動きにすぐに反応して、対抗してくるからだ。結局のところ、軍備を二倍にしても、中国に対抗してくる同盟の規模は三倍になるかもしれないのだ。

まず中国が日本と対峙したとしよう。中国が日本に対して圧力をかけようとすると、アメリカが助けにくるし、ベトナムやフィリピン、それにインドなども次々と日本の支持にまわり、この流れの帰結として、中国は最初の時点よりも弱い立場に追い込まれる。このプロセスこそが「第三の錯誤」の核心である。

南シナ海と尖閣

すでに述べたように、中国は平和的台頭の方針を変更して「チャイナ２・０」に移行し、胡錦濤は「あまりに抑制的で中国の力を十分に発揮していない」という批判に屈して、対外的に強硬な主張をするようになった。

そして、この強硬姿勢が、中国がほとんど何も実効的な支配力を保持していなかった時期につくられたファンタジーの地図につながった。南シナ海の大部分の領有権を主張するこの地図はまさに「非現実的な地図」でしかないのだが、これがフィリピン、ベトナム、インドネシアなどに対抗するための中国の現実の政策の土台になってしまった。

この上に、彼らは尖閣諸島を加えてしまった。もちろん中国が領有していたという歴史的な証拠はない。もしここが中国領であると主張できるのであれば、沖縄の領有権も主張できることになるだろう。

彼らは琉球王国の王が清朝に何度か献上品を送っていたことを指摘し、これをもって沖縄が中国の「天下」（冊封体制）に所属していたと主張しているが、漢民族ではない異民族の「清」が琉球を支配し、中国全土（モンゴルとチベットを含む）を支配していたとしても、中国の現政権がその領有権を主張する根拠にはなり得ない。

たとえて言うならば、これは現在のスリランカが、まるでインド全域の領有権を主張するようなものだ。その場合、スリランカは根拠として、こう主張するだろう。「双方ともにイギリスに支配されていた」と。そしてイギリスが去ったいま、「インドを支配する権利はスリランカにあるのだ」と。そのくらい現在の中国の尖閣や沖縄に対する主張は荒唐無稽なものだ。

反中派のリーダーが各国に誕生

この三つの大きな間違いを犯して、中国は「チャイナ1・0」である「平和的台頭」を変更して「チャイナ2・0」を採用してしまった。ところが「チャイナ2・0」は、中国に優位を与えたわけではなく、むしろただ単に「戦略の論理《ロジック》」を発動させただけだ。これによって中国は、周辺国、関係国の内的・外的バランシングへの動きを促してしまったのである。

民主主義国家では親中派のリーダーは選ばれなくなり、インドではナレンドラ・モディ首相、日本では安倍首相のような、中国との摩擦も厭《いと》わないタフな人物が選ばれるようになった。中国の台頭は周辺国の政治面での変化を促し、これが中国に対抗する形となり、反中同盟結成への動きを加速させたのである。

二〇一三年一一月になると、中国は、フィリピン、マレーシア、ミャンマーなどから、いくらかのダメージを受けるようになり、日本政府でさえも、北京の圧力に屈するよりも、尖閣などをはじめとする分野で中国に反発する方向へ舵を切り始めたことが明らかになった。

「金《カネ》は力なり」という幻想を抱いた中国のリーダーたちは、もし北京が日本政府といざこざを起こしたとしても、腐敗した（つまり中国の金《カネ》に目がくらんだ）日本の財界は自国の政治家に圧力をかけて中国側の要求に屈するはずだ、と勘違いしていた。「金《カネ》で政治的影響力を買える」という、彼らの典型的な思い違いだ。二〇一五年九月の習近平の訪米でも、ボーイング社から三〇〇機の旅客機を買うことが合意され、これによってパワー（権力）

を獲得できると考えたのだが、かなり短絡的な考えだ。こんな考え方がまかり通ってしまうこと自体が問題である。

ベトナムの反発

こうして二〇一三年末までに、中国は諸外国からの反発を受けるようになったわけだが、このプロセスはASEAN諸国が全体的に中国に反抗的になったことから始まった。そこから徐々にフィリピンのような、もともと親中派だった国のリーダーが反中的になっていったのである。とりわけベトナムと日本の反発は激しかった。

たとえばベトナムの反発は、次のようなものだった。

まず中国は、ベトナム沖にオフショアの石油掘削用のプラットフォーム（リグ）を送り込み、二〇一四年八月まで居座るつもりだった。これに対するベトナム沿岸警備隊は小規模ながらも反応し、彼らが持つすべての艦船二十数隻を石油プラットフォーム周辺に送り込んだのである。[2]それに対抗する形で、中国はさらに大きな艦船を一〇〇隻以上送り込み、その海域から高圧放水銃などを使ってベトナムの艦船を排除し、当然ながらベトナムの艦船は多少の損害を被ることになった。

石油プラットフォームを送り込み、それを警護するための艦船を派遣するということは、その動機が単に石油資源からの利益獲得にあったわけでないことを示している。これは明らかに「戦略的」な動きだ。中国はこの石油プラットフォームを使って、南シナ海における実効支配を強化しようとしたのである。

ところが、ここでの中国側の思い違いは、「大きな船を持っていけば中国海軍の強さを誇示できるわけだから、彼我《ひが》の力の差を自覚したベトナム側は圧力に屈する」と見た点にあった。ただこれは、現在の中国だけが犯す間違いというわけではない。「戦略」というもの、その「逆説的論理《パラドキシカル・ロジック》」を理解できていない人々が陥る、ごく一般的な間違いだ。「戦略」というものを理解しない者は、まず最初の一手を繰り出して、その次の手、そしてその次の手を繰り出していけば、それが最終的に勝利につながると考えがちだ。ところが実際には、自分が一手を繰り出すと、それに対してあらゆる反応が周囲から起きてくる。相手も動くし、状況も変わり、中立の立場にいた国も動くし、同盟国も動く。そこにはダイナミックな相互作用があるのだ。

ここで明確になったのは、中国がベトナムについて全く無知だったということだ。ベトナムと中国は二〇〇〇年間も隣国であったことを考えれば、これは驚くべきことである。

北京側は、ベトナム政府が理性的な考えにしたがって、中国の押し付けるルールを飲み込むはずだと考えていた。石油プラットフォームをベトナム沖に備え付ければ、ベトナムは小規模な役立たずの艦隊を送ってくるだろうが、中国はさらに強力な艦隊を送り込むので、ベトナムは「もう抵抗できない」と冷静に計算して手を引くだろう、と。そして石油プラットフォームはそのまま居残って、「この海は俺のもの」ということになる。これが「中国のルール」だ。

ところがベトナム側は、「たしかにこちらが海の方面で劣勢なのは認める。これは昔から変わらない事実だから、われわれもよくわかっている。よって、われわれは別の方面で戦うしかない」という形で反応したのである。つまりベトナムは、降伏しなかったのだ。

彼らには護るべき「国体」があり、それは「決して降伏しない」というものだ。中国海軍が優位であるとわかったのなら、別の方面で仕掛ける。具体的には、自国民による、中国人旅行者やビジネスマン、そして大使館などへの集団的な暴行、それに自国民が中国系の店や工場に火をつけたり、船を沈めたりするのを、ハノイ政府は事実上、黙認したのだ。

さらにハノイ政府は、中国に対する軍事侵攻すら厭わないような態度に出た。もちろんベトナム陸軍は劣勢だが、それでも国境を越えて中国領内に侵入してゲリラ活動を行って、まるでベトコン時代のように、中国国内の家や施設を燃やすくらいのことはできるのである。

もし中国がベトナムの出方について想像できていたら、ベトナム側が海での争いだけに戦いを限定するとは想定しなかっただろう。ベトナムからしてみれば、ある将棋盤で勝負できなかったら、別の将棋盤で勝負するだけのことなのだ。

日米同盟の二つの弱点を突いた中国

ベトナムと同様に、とくに中国への反発を強めたのが日本だ。

まず二〇一四年九月に、北京政府は日中間のパワーバランスを新たに確認しようとした。どういうことかと言えば、彼らは二つの分野で、日米同盟が機能しないことを確認し、その弱点を突こうとしたのである。

日米同盟の弱点の一つ目は、アメリカが領有権争いで中立の立場を貫く、ということだ。米国政府は政策として、他国同士の領土紛争には特定の立場をとらないことを決めている。だからこそ中国は、尖閣諸島での領有権争いをエスカレートさせた。その最大の理由は、そこに日米同盟の「ギャップ」があったからだ。この分野での紛争をエスカレートさせることによってさまざまな問題を浮き上がらせ、日本政府が交渉のテーブルに着くまで紛争を続けようとしたのである。

ここでもし日本政府が交渉に応じたら、尖閣諸島は日本に確定的な領有権がないことを公式に認めたことになり、その帰属関係があやふやになってくる。「あやふやだからこそ日本は交渉に応じてきた」ということになるからだ。つまり、尖閣をめぐって交渉した瞬間に、日本は尖閣の主権を放棄したことになる。そうなると領有権を主張した者が勝ちになるが、理屈の上では誰でも主張できる。実際、私も二〇一四年に何人かのジャーナリストたちの前で、「尖閣諸島は俺のものだ」と冗談で領有権を主張したことがあるくらいだ。

日米同盟でカバーできていない二つ目の分野は、靖国神社の参拝問題である。

中国側はこの「ギャップ」を発見したからこそ、日本政府や首相に対して「二〇一四年一一月の北京でのAPEC（アジア太平洋経済協力会議）の会合に来たければ、**一つの合意と一つの約束**を守れ」と迫ったのだ。一つは、領土問題が存在すると認めることについての**合意**であり、もう一つは靖国に参拝しないとの**約束**である。この方針は、中国側の『環球時報』をはじめとするメディアで公表されたものであり、中国側のリーダーたちがジャーナリストや外交官たちに対して公言したものだ。

こうして、中国は、日米同盟でカバーしきれていない二つの弱点を突いたのである。

日本には強硬姿勢を続けた中国

当時の北京の空気を私は身をもって知っている。「チャイナ2・0」が周辺国に敵対心を生じさせたことについて中国国内で激しい議論が起こり、二〇一四年九月、私自身も中国に滞在し、『自滅する中国』（奥山真司監訳、芙蓉書房出版、二〇一三年）で展開した議論を使って、「中国の戦略は完全に間違っている」と論じたのである。

「ロシアは戦略を除いてすべてダメだが、中国は戦略以外はすべてうまい」というのは私の持論だが、これを中国で主張し続けたところ、中国の著名な知識人の何人かは、最終的に私の意見に賛同してくれた。ただし、前著の『自滅する中国』で、私はあまりにも中国に対して手厳しかったため、その訳書はついに中国では出版されなかった。彼らがこの本の内容を意識して議論していたのは確実なのだが、出版はできないと、彼らのうちの一人が私に直接伝えてきた。それでも多くの中国人が、ワシントンDCを訪れた時に私に連絡をとってくるようになり、北京にも招いてくれるようになった。中国にかなり手厳しい見方だとはいえ、彼らも私の見解に何らか耳を傾けるべき点があると感じているからだろう。

実際、前回北京を訪れた時に感じたのは、二〇一四年九月頃から戦略の変更についての議論が始まっていたということであり、それ以降もこうした議論は引き続き行われているということだ。

とはいえ、ベトナム対策で完全に失敗したにもかかわらず、中国は日本に関していえば、それ以降も、圧力をかけることで交渉を受け入れさせられると考えていた。

妥協しなかった日本

その結果、どうなったか。日中間では激しい応酬があり、数回の交渉の後に「安倍コミュニケ」を出すことになったが、ここで明らかになったのは、安倍首相がほとんど何も同意しなかったということだ。たしかに尖閣については触れたが、コミュニケには靖国参拝について何も書かれなかった(3)。

中国が失敗したのは、「自分たちの都合に良い日本」を勝手にでっち上げたからだ。その都合の良い日本像によれば、ビジネスマンは貪欲で、中国は巨大市場なので、企業側が日本政府に圧力をかけ、日本の政治家も腐敗しているのでビジネスマンの言うとおりにするはずであった。交渉に入る際に日本に対してこのような幻想を抱いていたので、安倍首相が靖国不参拝の約束と尖閣が係争地であることの認定を受け入れないという現実に直面して、北京政府は右往左往することになったのである。

ここで興味深いのは、北京側は自信を持ちすぎていたために、二〇一四年九月一四日、中国国営メディアの『環球時報』に、中国側の日本政府に対する要求を掲載させたことだ。これは当時、北京側は本気で安倍首相に自分たちの主張を押し付けられると考えていた証拠である。

本来、このような事態に対する中国側の動きとして理想的だったのは、それまでの政策からの撤退、つまり「チャイナ2・0」から、最も成功的であった「チャイナ1・0」への回帰であった。ところがそうはならなかった。そしてこれがそのまま「チャイナ3・0」の到来を意味することになったのである。

注

（1）「平和的台頭」は、中国政府自身によって「平和的発展」に変えられたが、その理由は「台頭」という言葉が挑戦的なものに聞こえるからだ。

（2）リグの名前はHD-981。工期は二〇一四年五月二日～八月一五日の予定だったが、七月一五日に撤去した。五月にベトナムが二十数隻の艦船を送り込んでからベトナム国内で暴動が起きた。翌年の二〇一五年の夏には再び中国が同リグを中越間の中間線付近に配備し、緊張が高まっている。

（3） 二〇一四年一一月発表のコミュニケ（英語版を翻訳）によれば、歴史問題については「双方は、歴史を直視し、未来に向かうという精神に従い、両国関係に影響する政治的困難を克服することで若干の一致をみた」とあり、靖国問題については触れられていない。また、尖閣問題については「尖閣諸島等東シナ海の海域において近年緊張状態が生じていることについて異なる見解を有していると認識」となっている。

第2章

中国3・0——選択的攻撃

選択的攻撃

平和的台頭である「チャイナ1・0」が続いていた二〇〇八年に、世界金融危機が起こった。その後の二〇〇九年の時点で、中国が「三つの大きな間違い」を犯して、「チャイナ2・0」を発動したことは前章で述べた通りだ。そして二〇一四年の秋になると、彼らも「チャイナ2・0」が完全な間違いであることにようやく気付いた。太平洋を中心とした地域に、自分たちを囲む形で「反中同盟」が結成されてきたからである。

彼らはここで「チャイナ2・0」をやめて、新たに「チャイナ3・0」を始めたのだが、これは言うなれば「選択的攻撃」(selective aggression) とでも呼べるものだ。なぜかというと、彼らは抵抗の無いところには攻撃的に出て、抵抗があれば止めるという行動に出たからである。

これを聞くと「中国はかなり理性的に動いているのでは?」と感じる読者もいるかもしれない。たしかに敵対国のすべてを同時に攻撃するよりも、このほうが経済的に安上がりで、そもそも危険も少ないからだ。

しかし、それでもこれは、中国にとって最悪の戦略だ。なぜそうなのか、フィリピンを例に考えてみよう。

「チャイナ3・0」とフィリピン

まずフィリピンは、もともと中国にとってポジティブな影響をもたらしてくれる可能性をもった国であることが重要だ。それは大きく二つの理由による。第一に、フィリピンのエリートたちは、ほぼ全員が中華系である。彼らはたしかにスペイン風の名前を持っているが、人種的には中華系なのだ。第二にフィリピンのエリートは、文化的に常に反米である。彼らはアメリカを忌み嫌っており、だからこそ中国に非常に親近感をもっていて、元来は、フィリピン全土に中国の影響力を発揮してもらいたいと期待している。

中国のフィリピンへの投資や観光業の可能性からすれば、フィリピンにとって中国は最大の影響力をもった国になる潜在性があり、中国の艦船がフィリピンの港に寄港すれば大歓迎を受け、その反対にアメリカの船が拒否される可能性もあった。

ところが実際は、それとは正反対のことが起こった。米軍基地から解放されたことを盛大に祝っていたフィリピンが、米軍を再び招き入れざるを得なくなっているからだ。フィリピン側は米比安全保障を再起動させる必要に迫られ、アメリカに帰ってくるように頼みこむことになった。いいかえれば、中国は南シナ海へと進出し、小島を占拠するという愚かな戦略をとることによって、かえってフィリピン群島全体への影響力を獲得するチャンスを逃してしまったのだ。

ただし逆に、フィリピン政府の弱さも同時にかいま見える。

たとえばマニラ政府の対応でまずかったのは、二つあり得た対抗策のうちのどちらも実行しなかったことだ。一つは沿岸警備隊に発砲を命じなかったことである。もう一つはマニラのギャングに指示して、フィリピンにたくさん来ている中国の観光客を襲わせなかったことである。

ハノイ政府はこの二つを実行し、これによって戦いに勝とうとしたわけだ。中国側は、海上に石油プラットフォームを設置し、二十数隻のベトナムの公船を凌駕する一〇〇隻以上の船団を派遣したのに、戦いの場所を陸側に移されることで負けたのである。

つまり、中国側は「海のゲーム」では勝ったのだが、ベトナム側はそれとは別の「血のゲーム」である「殺しと放火」で勝ったのだ。このような行為から発せられるシグナルは明快で、「もしこれでこちら側の言うことを聞かなければ、中国国境に侵入して雲南省内でゲリラ活動を行う」というものだった。もちろん彼らはそれをわざわざ言う必要はなかった。状況からあまりにも明白に推測できたからである。

それに対してフィリピン政府は、ギャングたちに命じてマニラに来ている中国人観光客を襲わせることはせず、沿岸警備隊に対しても「中国側に発砲しろ」とは指示しなかった。中国船がフィリピン海域に来て、フィリピンの島のそばを通過し、基地を建設したら、本来ならばフィリピン沿岸警備隊は発砲して船を追い散らすべきであろう。ところがマニラ政府はそれをしなかったのだ。

中国の「チャイナ3・0」への変化の兆しは、「チャイナ2・0」に対抗できたベトナムや日本の例から読みとることができたのに、フィリピン側には明確には見えていなかったのである。それは、彼らがあまりにもアメリカの対応に頼りすぎていたからだ。

「チャイナ3・0」とインド

新たな状況である「チャイナ3・0」は、日本、ベトナム、さらにはインドに対して、攻撃姿勢を控えはじめた中国から見えてくる。それは、とくにインドと日本との関係において顕著だった。

二〇〇九年から二〇一四年まで、中国はインドとの国境付近で侵入事件を繰り返していたのだが、「チャイナ3・0」になった現時点では、それを一時的に沈静化させている。

もちろんだからと言って中国は、インドと友好関係を結んだわけではなく、現場ではいまだに緊張状態が続いている。これがどうなるのかは予断を許さない。

前著の『自滅する中国』では、胡錦濤のインド訪問時に中国兵が中印国境を越えた事件に注意を促したが、その後に起こったこととして興味深いのは、習近平が二〇一四年にモディ首相と会談するためインドを訪問した際に、再び国境侵入事件が発生したことである。この時、モディは、「中国側とは交渉しない」と突っぱねている。

もちろん、このような国境越えは、身体全体にとっては「歯痛」程度のものだ。しかし、それでも持続すれば、身体全体の動きに大きな影響を与える。

結果として、習近平は人民解放軍の国境付近からの撤退を命じたが、これは「チャイナ2・0」から「チャイナ3・0」への移行のプロセスの一つであった。そして「チャイナ2・0」からの方針変更は「チャイナ1・0」への回帰につながる可能性もあったのだが、実際はそうならなかった。しかも、この「選択的攻撃」をとる「チャイナ3・0」は、中国にとっても決して利益をもたらすものではないのである。

たとえば、習近平はスリランカを訪問した。これはインド側から見れば、「中国が俺たちを包囲しようとしている」ということになる。スリランカはインドのすぐ南にある小さな島国だが、中国がここに軍港を設置しようとするのは、実に間抜けな行為だ。スリランカの領土は小さいし、そもそもインド側の抵抗なしに基地をつくれるわけがない。しかもそれはインド洋の真ん中にある。戦時にそこに到達するには、中国側の艦船は、敵対勢力下にあるマラッカ海峡を抜けなければならないのだ。

いいかえれば「チャイナ1・0」の中国は、インドと良い関係を築き、「チャイナ2・0」の中国は揉め事を起こし、現在の「チャイナ3・0」の中国は、インドとの緊張を緩めたが、それでもスリランカでの基地設置など、インドにとって許しがたい行為によって、挑発だけは続けている。よってインド側の視点からすれば、「チャイナ3・0」は「チャイナ2・0」よりもマシだが、それでも「チャイナ1・0」よりはるかに受け入れがたい。中国によるインドへの侮辱は、まだ続いているからである。

ここで興味深いのは、次のような逆説《パラドックス》である。「選択的」な戦略をとる「チャイナ3・0」は、理屈の上では「もう二度と失敗をしない中国」「何かしらの教訓を学んだ中国」となるはずなのに、実際はそうならなかった。なぜだろうか？

「内向き国家」の中国

その原因は中国が「内向き国家」だという点にある。

中国のような巨大国家は、内政に問題が山積して、外政に満足に集中できない。同じような社会発展レベルにある周辺の小国と比べて、世界情勢に継続的に注意を払えなくなるのだ。これはつまり、外部から情報を受け取ってもこれに反応できない、いわばフィードバックのループを無視せざるを得ない状態にある、ということだ。そして外からの影響を受けないことによって、彼らは強力になるのではなく、むしろ弱体化するのである。

もちろんこのような説明は、誇張した言い方だ。彼らは完全に「内向き」であるわけではない。「チャイナ2・0」からも転換した。その証拠に、ベトナムの抵抗に遭ってから手を引いたし、日本に対する集中的な批判も止めている。

たとえば二〇一四年にも尖閣問題をめぐる摩擦があり、中国側の公式発表などでも「尖閣はわれわれのものだ、絶対に取り返す」という宣言が行われ、二〇一五年一〇月の時点でも、たしかに尖閣周辺への中国側の公船の侵入は続いている。しかし、それでも新たな宣言や公約の発表は控えている。彼らは尖閣について語るのを抑えているのだ。

ロシアと中国の違い

「チャイナ3・0」というのは、一種の妥協案だ。それは実質的に、「チャイナ2・0」の侵略的な態度と、「チャイナ1・0」の平和的台頭のどちらも拒否し、妥協案として、二つの間をとったものである。中国にとっては「チャイナ1・0」への回帰は屈辱である。彼らはベトナムと日本の態度（安倍首相との交渉では何も得られなかった）に面子《メンツ》を潰されたからだ。

それだけではない。国内政治上も、いまさら「チャイナ1・0」に戻るわけにはいかない。そうすれば、中国国内のいわゆる「左派の民族主義派」の一団から「弱腰だ」と非難されることになってしまうからだ。実際、中国のリーダーたちは、胡錦濤政権後期にそのような攻撃に晒された経験をしている。

これをロシアの状況と比べてみよう。ロシアが尖閣諸島の領有権を主張していたとしよう。ロシアがまず最初にやるのは、島の補強であろう。しかも中国が南シナ海でやっているような目立つやり方は避け、しかも実際には、はるかに強力な補強を行うはずだ。

あるいはもし実効支配下にない尖閣諸島を本格的に獲得する気がロシアにあれば、習近平が「釣魚島」と中国名で呼ぶのに対して、ウラジーミル・プーチンは最初に「尖閣」と

ける中国公船等の動向

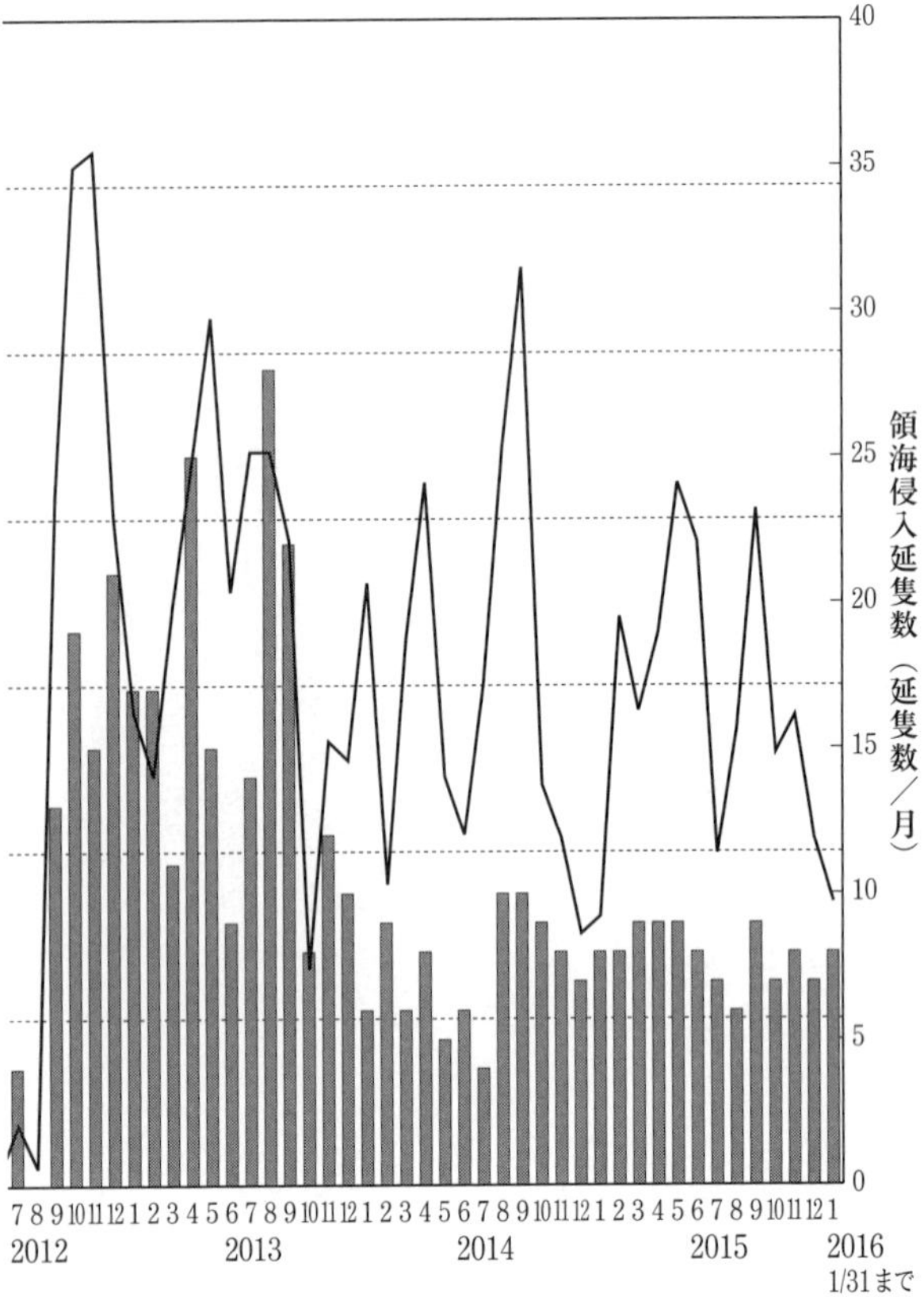

senkaku/senkaku.html）

尖閣諸島周辺海域にお

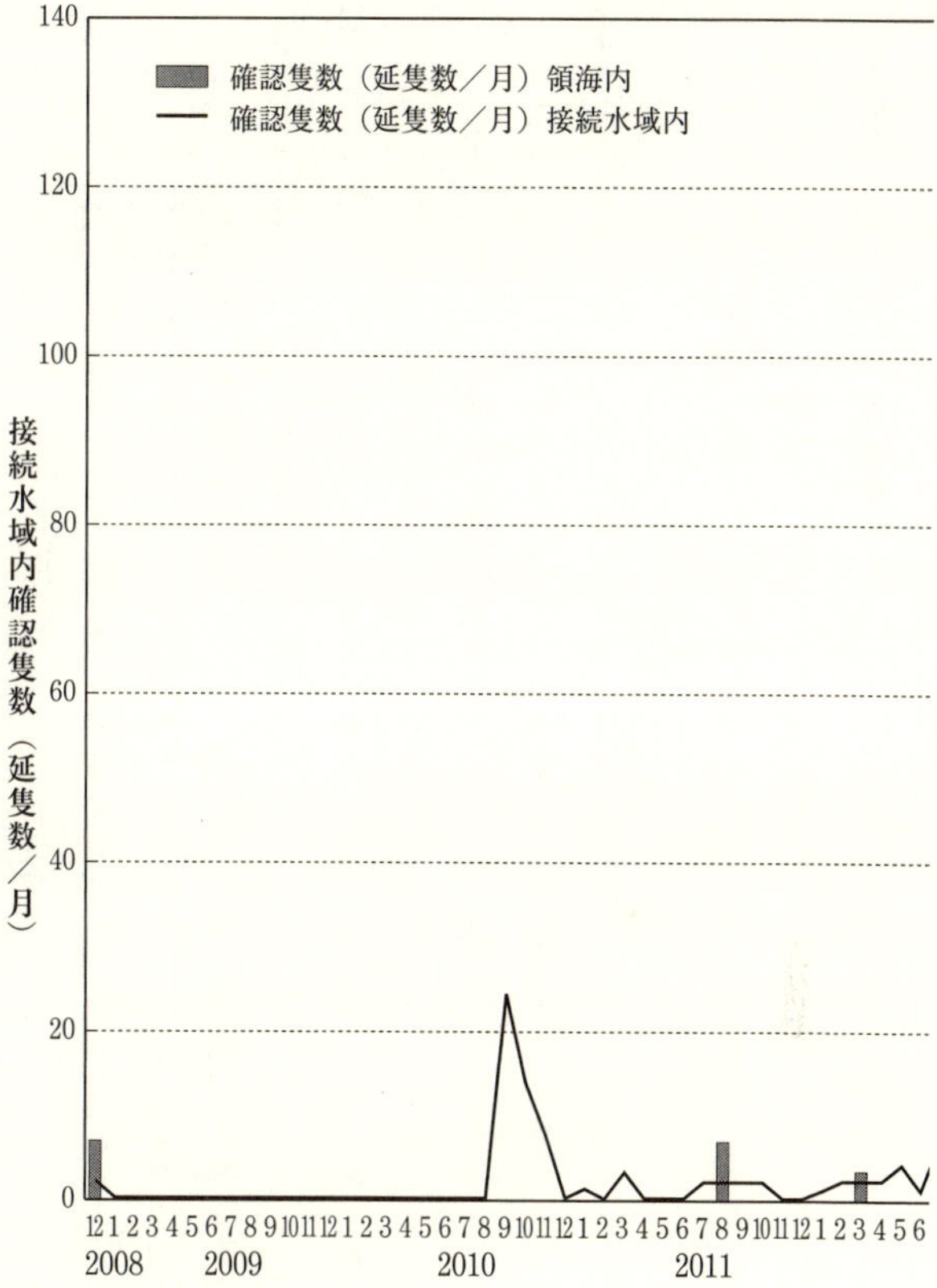

出典：海上保安庁ＨＰ（http://www.kaiho.mlit.go.jp/mission/

いう言葉を使うはずだ。そして二度目に「尖閣」と言った時には「尖閣を取り返す」と宣言し、三度目に「尖閣」と言った時にはすでにロシア領になっているだろう。

中国の場合は、尖閣について大騒ぎをする割には何も起こさない。つまり、軍事面では事態が動かないということであり、中国はただ騒ぐだけなのだ。これはロシアと中国の大きな違いだ。「ロシアは戦略を除いてすべてダメで、中国は戦略以外はすべてうまい」という私の格言も、このことを言い表している。

大国というのは、ある要求をする前に、それが成功するかどうかを見極めるものだ。そしてロシアがそうであるように、いったん要求を表明すれば、そこから動きを止めることはない。成功するまで行動し続けるからだ。

ところがここで見られる中国の例は、その逆だ。彼らは尖閣をめぐって大騒ぎをするが、実際は何も起こさないし、何も変わらない状態が続き、そこから成果は何も生まれないのである。

ここで興味深いのは、尖閣問題の状況が何も変わらないとしても、習近平はそれによって政治的に自分の立場が危うくなることを全く心配していないという点だ。これはロシアと中国の政治文化の違いを表している。

プーチンが三度目に「尖閣」という言葉を使った時にはすでにロシア領になっている、と先ほど述べたが、これは「ロシアのリーダーが宣言したのであれば、ロシア国民はリーダーがそのように実行するのを期待する」ということだ。ロシア国民は、そもそもリーダーたちの言葉を「ジョークである」とはみなさない。ロシア政府が一度でも「我が国の領土だ」と表明したからには、国民はそれが実現して当然だと考える。これはロシアの「戦略文化」の一部であると言える。彼らにはこれを表す「セリヨズニー」という言葉がある。「シリアス」という意味のロシア語だが、これは発せられた言葉の重みを示している。要するに大国のリーダーの言葉は、決して軽いものではなく、一度表明されたらそれは実現されるべきものであり、領土の場合は、その獲得が当然視されることになる。

ところが、習近平のやり方はそうではない。彼は「尖閣は中国領だ」と言っておきながら、その実現のためにほとんど何もしないのだ。そしてその責任を問われて政権を追われることもない。中国国民は言葉についての責任の重さを、ロシア人ほど重視していないのだ。ここにロシアと中国の戦略文化の違いがある。

習近平が国内に抱えるリスク――党と軍を敵に回す

次に「チャイナ3・0」について中国国内の状況に目を向けてみると、習近平率いる中国は、国内的にもかなり高いリスクを背負いながら政権運営していることがわかる。

すでに知られているように、習近平は腐敗撲滅運動を推進しており、一〇万人の党幹部たちが捜査されているだけでなく、その多くが職を失ったり、勾留されたり、逮捕されたりして、しかもその家族が住む場所を失ったり、その息子たちが解雇されたりもしている。そういう意味で、党の内部には習近平に怒りを抱いたり、逆に彼を恐れたり、次に逮捕されるのは自分だと不安に感じている人々もいるのである。

党の腐敗に対してこれだけの攻撃をしかけようとしている点から見れば、習近平は非常に勇気があるか、もしくは単に軽率であるかのいずれかだ。もしかすると彼は本当に軽率なのかもしれない。なぜなら何千人も逮捕してしまえば、それだけ敵対勢力の敵愾心《てきがいしん》を煽ることになるからだ。いずれにせよ、私のように外から見ている人間にとっては、そこまでリスクをとろうとしている習近平の行動は実に興味深い。

党の反腐敗運動の次に起こっているのは、人民解放軍との戦いである。現に軍のトップである中央軍事委員会の副主席経験者の二人（徐才厚、郭伯雄）が逮捕された。そのうちの一人である徐才厚に至っては、ガンで死にそうであったのに入院先で逮捕され、裁判中に死亡し、彼の息子も逮捕され、娘たちは将官用の住居を追われるなど、極めて悲惨な目に遭っている。

軍の内部で反腐敗闘争と粛清を開始したという意味で習近平は非常に大胆である。だが同時に、これはきわめて危険な行為だ。

国家主席就任直後の二〇一二年、習近平は、「トラ」（党幹部）と「ハエ」（末端の党員）を共にターゲットにした反腐敗闘争を宣言した。ここで「トラ」として名指しされたのは、大規模に収賄を行っていた周永康《しゅうえいこう》である。

彼は長年にわたって公安部長を務めた経験があり、これはつまり、習近平が政権につくまで、ほとんどの人間が彼に頭が上がらなかったことを意味している。これに対し、習近平は周永康に強烈な攻撃を開始し、彼を逮捕し、彼の同郷の出身者、それに彼が出世させた関係者、とくに彼の支配下にあった石油利権の関係者を次々に追い落としたのだ。

この時、周永康の関係者の中でも習近平が唯一追及しなかった人物がいる。周永康派のナンバー２で、彼の政敵であった傅政華《ふせいか》だ。彼はまだ政治的に生き残っており、習近平はこの人物に信頼をおいて、周永康の後任に据えたのである。

また共産党内部でも、習近平が唯一タッチしなかったのが、習近平自身を含む、太子党（共産党幹部の特権階級一族）の連中だ。

習近平のきょうだいは億万長者で、報道されているところでは不動産企業の株を数億円規模で保有していて、香港に三一五〇万ドルの豪邸を所有しているといわれている。にもかかわらず、彼らのような太子党の人間はすべて逮捕から逃れているのだ。これは国内に大きな禍根を残すことになろう。太子党の人間だけがどこでも相変わらずリッチな生活を続け、誰も逮捕されず、安全にこれまでのポジションを確保したまま、ということになれば、結局、大きな恨みを買うからだ。

習近平以外のこれまでのリーダーたちは、党のベテランたちに対する数万件もの汚職捜査など行ったことはない。一般の中国国民にとっては、習近平がとんでもないリスクを背負っているように見える。多くの政敵に睨《にら》まれることになるからだ。これは実質的に「暗殺のリスク」の可能性が出てくることを意味する。

そして実際に、暗殺の可能性は存在する。だからこそ習近平は、ボディーガードを頻繁に代えて身辺を常に警戒しているのである。

習近平暗殺の可能性

その証拠として挙げられるのは、二〇一五年九月に北京で行われた、抗日戦争勝利七〇周年記念の軍事パレードだ。このパレードは多くの観客を迎えた中で行われ、ジャーナリストから外国の大統領まで多くの人々が招かれて世界中に報じられた。とりわけジャーナリストは、朝四時に会場入りしてセキュリティー・チェックを受けなければならなかった。それだけではない。パレードに参加する部隊も携行する武器を細かくチェックされた。参加部隊が習に銃口を向けることもあり得るからだ。パレードを目撃した北京の人間たちも、それまで見たことのない警戒レベルにあったことを証言している。このパレードにおいて最も重要なのは、長年中国を取材している人々も現場で初めて経験した、あの圧倒的な警備体制である。

二〇一五年に天津で発生した火災・爆発事故をめぐって、最近、北京で広まり、日本でも聞こえてきた噂がある。それは「習近平の暗殺を狙って失敗した結果、あの事故は起こった」という噂だ。もちろんそんなことは物理的に不可能であり、絶対に暗殺未遂事件でないことは判明している。

私はこの噂が間違いであることをたまたま知ることになったのだが、それを否定する論拠は二つある。一つ目は、習近平が事故現場周辺に来る予定がそもそも始めからなかったという点だ。二つ目は、やはり消防隊が化学薬品に水をかけたのが爆発の原因であるという点だ。

この二つの具体的な事実を知ることで、暗殺を狙ったという噂を打ち消すことができたのだが、ここで問題なのは、そのような暗殺の噂が出回ったという事実のほうだ。つまりこうした噂が流れるということは、習近平が大きなリスクを背負っていることを一般市民も知っており、実際のところ、暗殺の危機があるからだ。その可能性があるからこそ噂は広まった。

反腐敗闘争は勇気ある行為

実際のところ、習近平は極めてリスクの高い危険を冒している。これは普通の弱腰の政治家にできることではない。その意味では讃えられるべきだ。

そうした行動の土台となっているのは、溢れるばかりの使命感である。このまま行けば、汚職で共産党自体が崩壊してしまう、という危機感だ。だからこそ、この極めて勇気ある政治家は極端とも呼べる方策をとっているのだが、これはまるで超高層ビルの間で綱渡りを披露しているようなものだ。

この点、習近平が置かれている状況は、他の先進国の政治家の場合とは話が違う。たとえば安倍首相は、誰かと交代させられるかもしれない。バラク・オバマ大統領は、弾劾決議を受けることもあるだろう。ところが殺されたり、失脚させられたり、撃たれたりして一瞬で職を失う危険性が最も高いのは、他の誰でもない、中国という巨大で不安定な国家を統治している習近平なのだ。

しかも習近平にはいくつかの弱点がある。そのうちの一つが、自分の親族に対しては汚職捜査をしていないという点だ。また、太子党の人間たちにも汚職捜査を行っていない。そこまで実行すれば、大混乱が生じ、党の機能が麻痺してしまうからだ。

それでも汚職捜査は続けられ、中国の政府関係者で枕を高くして寝られる人物は一人もいない。冤罪で摘発されても、身の潔白を証明できるような裁判体制が整っていないからだ。汚職捜査は、とどのつまり、何の罪もない一般市民をも巻き込んだ運動になっている。

習近平の姉が香港に三一五〇万ドルの自宅を持っているという話はインターネットで暴露されたもので、この情報は非常に詳細なところまで報告している。その一方で、まったく罪のない一般人が冤罪で逮捕されて投獄されているのだ。こういう状況では、たとえば誰かが市長のような良い役職についていたとしても、その職を奪いたいと思った者が、「市長が汚職をしている」と訴えればよいことになる。要するに反腐敗運動は、ダブルスタンダードも半ば不可避的に伴ってしまうのである。

したがって、軍事パレードは習近平の勇気を示す新たなチャンスでもあった。彼はこの機会を利用して人民解放軍の三〇万人削減を発表したのだが、その背景には国防費のほうが、経済成長よりも速いスピードで増加しているという事情もある。経済が鈍化して成長率が六％ほどまでに低下しているのに、国防費は一〇％の伸びなのだ。よって軍のほうも、経済性も考慮した組織運営をしなければならないことになる。この意味でも、習近平にとってのリスクは増大している。だからこそ軍事パレードでは前例のないほどの警備体制が敷かれたのである。それだけ彼は、人民解放軍や反対勢力からの反発を恐れているということだ。

象徴的だった訪米の失敗

「チャイナ３・０」を考えるときに、さらに重要になってくるのが、二〇一五年九月の習近平の訪米である。

まず平和的台頭である「チャイナ1・0」が続いていた二〇〇八年に世界金融危機が起こり、二〇〇九年末の時点で、中国は三つの大きな間違いを犯して「チャイナ2・0」を発動させたことはすでに述べた通りだ。その後、二〇一四年秋になると、彼らは「チャイナ2・0」が完全な間違いであることに気付いた。太平洋を中心とした「反中同盟」が形成されてきたからである。そこで、彼らは「チャイナ2・0」を改めて、「チャイナ3・0」へ方向転換し始めるのだが、これはいくつかの要素から成り立っている。

まず対ベトナム関係の軟化だが、これは、二〇一四年八月にベトナムが、それまで中国が開発しようとしていた南シナ海の海上のリグでの石油生産を開始したことがターニングポイントになった。日本に対しても、尖閣周辺海域での中国公船の動きは依然活発だが、それでも尖閣事案についての北京側からの大々的な宣伝は少なくなっている。インドに対しては、「アルナチャル・プラデシュ州（南チベット）をすべて返せ」という無茶な主張はしなくなっており、フィリピンに対してはまだ強硬姿勢は続いているが、これもそのうちに沈静化するかもしれない。

この点で注目すべきは、習近平が訪米した直後に、ハリー・ハリス太平洋艦隊司令官がオーストラリアで、「われわれはフィリピンから中国を押し返す」という内容の演説を行ったことだ。この演説は、単に彼の個人的な思いを述べたものではなく、アメリカの対外政策の公式表明であった。なぜならその演説の言葉は、ホワイトハウスによって一字一句チェックされたものであったからである。

話を半年前に戻そう。アシュトン・カーター国防長官は、すでに二〇一五年春の時点で「アメリカは押し返す必要がある」と述べている。ところがホワイトハウス側は、この時点で習近平の訪米を控えており、このような「押し返し」については消極的であった。

ところが習近平が訪米してすぐに、ホワイトハウスは国防省側の「押し返し」案を了承したのである。なぜならこの首脳会談の際に、中国側はアメリカ側に南シナ海の問題について何も解決策を提案しなかったし、人工島の埋め立て事業の中止も表明しなかったからだ。そこでハリス司令官は、「中国側が活動を中止するまで、われわれは中国が領土・領海だと主張している上空や海域を通過しつづける」と宣言したのだ。中国側の活動の目的が領有権の主張にあったからだ。アメリカ海軍は、中国側の実効支配を「航行の自由作戦」を通じて否定し、「岩礁」や「暗礁」を埋め立てて「島」にして二〇〇カイリの排他的経済水域（EEZ）を主張する目論見を打ち破ろうとしたのである。

以上見てきた通り、「チャイナ3・0」は、まずベトナムと日本との関係において明確な形であらわれた。インドの場合はそれほど明確ではないが、やはり変化はあった。それに対しフィリピンのケースでは、中国は実質的にアメリカと直接対峙するようになったのである。

もともとアメリカ政府は、軍事行動で中国を牽制することは避け、外交交渉での解決をめざしていた。彼らが軍事行動の必要を感じるほど本気になったのは、ようやく習近平が訪米してからなのだ。そしてこれこそが、習近平の訪米の成否を真に示しているのである。

習近平訪米の二つの目的

習近平の訪米には二つの目的があった。一つは「写真」を撮ることだが、これは中国国民に見せるための「イメージ」だ。自国のトップがレッドカーペットの上を歩き、ホワイトハウスで歓待されて、晩餐会に招かれている、という写真である。北京上層部は、国内向けにこのような写真を必要としているのだ。

このような写真は、国内向けに非常に重要である。もちろん安倍首相が行ったような米国連邦議会での演説の写真よりは、その格は遥かに劣るが、それでもホワイトハウスが最大規模の晩餐会を開催することは、習近平にとって大きな得点となる。

訪米のもう一つの目的は、G2達成のための道筋をつけることだ。実際、中国国営の新華社通信の報道では、このG2の意義がことさら強調されていた。G2とは米中間の「新型大国関係」のことである。

ただし、この目的は果せなかった。習近平が本当に米国とのG2、すなわち「新型大国関係」への道筋をつけられていたのであれば、ハリス司令官が首脳会談の翌日にあのような演説を行うことはなかったはずだ。ワシントン、ホノルル、そしてオーストラリアの時差を考えれば、彼の演説はホワイトハウスでの会談の翌朝に行われたことになる。つまり豪華な晩餐会の直後に、アメリカ政府は中国の顔面に蹴りを食らわせたのだ。

よって習近平が訪米によって達成したものが何であれ、それが「新型大国関係」の進展でなかったことだけは確かである。ホワイトハウスの許可なしに、ハリス司令官はあのような演説はできなかった。むしろその演説のトーンをよりソフトにもできたはずだ。しかしそれをしなかった。カーター国防長官は「航行の自由作戦」を行う数カ月前から進言していたのだが、ここに来てようやく大統領の許可が下りた。しかもその許可が下りたのは、オバマ大統領との首脳会談の翌日である。つまり、習近平の訪米は失敗だったということである。

もちろんそれ以外の話題として、サイバー攻撃に関するトピックのような、そもそもすぐには解決しようのないテーマについても議論が交わされた。だが、習近平にとって最重要だった二つの目的のうち、国内向けのイメージ作りは成功し、「新型大国関係」の達成は失敗したのだ。なぜなら「新型大国関係」を一方的に主張しても無意味だからだ。これにはアメリカ側の了解が必要となる。さらに悪いことに、中国はフィリピンにおいてもアメリカに押し戻されてしまった。

要するに、習近平の訪米で明らかになったのは、「チャイナ３・０」の破綻であった。では、そもそもなぜ「チャイナ３・０」は破綻したのか？　それは、どんな大国でも飲み込まれてしまう「激しい感情」によってである。このことは次章で論じよう。

第3章

なぜ国家は戦略を誤るのか？

――G2論の破綻

中国が「平和的台頭」という優れた政策、つまり私が「チャイナ1・0」と呼ぶ政策を変えて、「チャイナ2・0」という最悪の政策をとることになった理由を知ることは極めて重要だ。なぜならこれこそが、世界中で反感を買い、アメリカをして初めて決定的に中国を敵対視させ、日本をして対中援助を止めさせて中国に対する警戒感を増幅させ、親中派だったフィリピンを反中にし、マレーシアの反中感情を生じさせ、インドの敵対感情を引き起こすことにつながったからだ。

いったんは中国に成功をもたらした同じリーダーたちが、なぜ優れた政策を撤回して別の路線に向かったのか。

まず認識すべきなのは、中国には常にそのような巨大な間違いを犯す可能性があるということだ。中国と向き合う際に、われわれはこのことを覚えておかなければならない。

もしわれわれの隣に一般の中国人がいて、「中国は大きな間違いを犯していますよ」と教えても、その人は「たしかにそうかもしれませんが、どんな国だって間違いは犯すものですし、なにも中国だけが大きな間違いを犯すわけではないでしょう?」と答えるだろう。たとえば相手が日本人だったら一九四一年の真珠湾攻撃、アメリカ人だったら二〇〇三年のイラク侵攻を挙げながら、その中国人は反論するかもしれないのだ。

ここで重要なのは、世界に大きな影響を及ぼすほどの巨大な間違いは、それなりに高い水準の社会やテクノロジーをもった国家でないと犯しようがない、ということだ。巨大な間違いを犯すには、そもそもそれだけの能力や資源が必要だということである。

日本の戦略的誤り——一九四一年

たとえば一九四一年の時点で、日本以外の他国が真珠湾攻撃を行おうとしても、彼らは軍事的に失敗した可能性が高い。そもそも当時の日本以外の国は、真珠湾まで機動部隊を送り出し、航空機で到達することなどできなかっただろう。ＧＰＳのような衛星による航行《ナビゲーション》システムのない状態では、オアフ島の港にある攻撃目標を発見できないし、もし発見でき、当時の幅の狭い軍艦に爆弾を落とそうとしても、目標から外れてしまう可能性が高かったからだ。

当時の世界中の海軍の常識では、あそこまで装甲が堅くて幅の狭い戦艦を撃沈させるのは不可能だと考えられていた。しかも時速三〇〇キロ以上の飛行機から戦艦に対して正確に爆弾を落とすなど、至難の業であった。当時の戦艦は、最大のものでも幅三〇メートルほどしかなく、そこに時速三〇〇キロの飛行機が一瞬で爆弾を落とすことが、いかに困難な任務であるかは容易に分かるだろう。さらには船側にも対空装備が整っていた。だからこそ各国は魚雷開発に莫大な投資をした。その魚雷にしても、まだ電子技術の発達していなかった時代には極めて複雑な構造にならざるを得ず、正確に作るのは困難だった。

それほど、真珠湾攻撃は極めて難しい作戦であった。したがってそれを実行できる国の数は限られていたのだ。

ただし真珠湾攻撃は、戦術的には成功したが、戦略的には大失敗であった。むしろ日本はここで戦術的に失敗していたほうが、戦略的にははるかにマシであったと言えるほどだ。もしこの攻撃が日本の能力の欠如を示すような大失敗、つまり爆弾が外れ、アメリカ人は誰も死なず、飛行機は燃料切れで墜落するような茶番劇となっていれば、フランクリン・ルーズヴェルト大統領は対日戦のために軍を動員できなかったし、太平洋戦争も起こらなかっただろう。わざわざ茶番を演じるような人々に核兵器など使うことはできないため、広島・長崎にも原爆は落とされなかったはずだ。

真珠湾攻撃は戦略的にあまりにも大きな失敗であった。もし真珠湾攻撃の翌朝に御前会議が開かれ、あなたがそこに参加した戦略家《ストラテジスト》であったとすれば、まず最初に軍に対して、

「次はカリフォルニアに上陸してワシントンまで行軍して占領できるか？」と問わなければならない。それが当然の戦略だからだ。もちろん軍部は「無理です」と言うだろう。「パナマ運河をブロックすることはできます」という程度のことは言えるかもしれない。もしくは「第二次攻撃は実行できますが、遅れます」と言うかもしれない。しかし、アメリカの首都を攻撃できる可能性はゼロだったはずだ。そうだとすれば、もともとこの戦争は、勝利する可能性がゼロの戦争だったのである。

真珠湾攻撃の翌朝に日本側が取りうる最高の戦略は「無条件降伏」であった。なぜなら、ルーズヴェルト大統領は対日戦を準備できないことになるからである。

空想ではあるが、もし真珠湾攻撃の翌朝に「無条件降伏」がなされたとすれば、アメリカに可能だったのは、せいぜい日本側に中国からの軍撤退を促し、フィリピンで行ったように、満州国を自立させる計画を練るといった程度だろう。もしそうなれば、朝鮮半島と台湾は無傷のまま日本領として存続しただろう。

もちろん当時、日本国内でこのような発言をしたら、いかなる戦略家であれ、日本の軍部に殺されるのが関の山であろう。それでも真珠湾攻撃は、戦略的には極めて重大な誤りであった。

ではなぜ日本は間違ったのか。真珠湾攻撃という間違いの根本原因は、日本の軍部が「現実には存在しないアメリカ」を「発明《インベント》」したことにある。「彼らが発明したアメリカ」というのは、「真珠湾にある軍艦を失っても何も反応せず、日本に見向きもしない。そして、その間に日本はオランダ領インドネシアを攻撃して石油を確保できる」というありえない想定の存在であった。

言いかえれば、軍部は、政府、国民に彼らの軍事計画を売り込むために、「自分たちに都合の良いアメリカ」を発明しなければならなかった。その「想像上のアメリカ」は、自分たちの軍事プロジェクトに沿った動きをして、自分たちを勝たせてくれる存在でなければならない。

ところが「現実のアメリカ」は、大統領が国民を動員するために、真珠湾攻撃という口実、大義名分を喉から手が出るほど欲しがっていたのであり、暴力によってものごとを解決できると信じる文化を持っていた。「カウボーイが来て、問題となる人物を銃で撃ち殺し、その後はみんながハッピー」という文化だ。

当時の日本の軍部では、戦争の決断時に訪米経験を持つ人間たちでさえ、重要ポストに入っており、山本五十六提督は、アメリカのハーバード大学に留学し、サンフランシスコからワシントンDCまで列車で移動した経験もある。つまり彼はアメリカ中を旅して、農地と工場の風景が車窓の外に何日もつづく光景を目撃している。列車内からだけでも日本全体よりも遥かに多くの畑と工場を目にしたはずだ。ところが山本五十六自身は、真珠湾攻撃や操縦士《パイロット》や飛行機の運用という戦術レベルに夢中になってしまい、アメリカで得た知識を活かそうとせず、肝心の対米戦開戦という戦略的決断に何ら影響を与えなかった。

アメリカの戦略的誤り——二〇〇三年

実はアメリカも、これとまったく同じような間違った決断を、二〇〇三年に行っている。この年にアメリカはイラクに侵攻したのだが、それに用いた兵力は、計画段階から極めて小規模で、全体で五〇万人以下であった。

小規模の兵力で十分と判断してしまったのは、戦争を推進する者たちが、「民主主義を待ち望んでいるイラク人」という存在を「発明《インベント》」したからだ。彼らの頭の中では、サダム・フセインという存在さえ取り除けば、民主主義を待ち望んでいる国民によってイラクの民主化が進み、幸せが訪れるはずだった。サダム・フセインこそイラクの諸悪の根源であり、彼さえ排除すれば素晴らしき民主的なイラクが誕生するというわけだ。

そしてサダム・フセインを倒すこと自体は容易なことであるため、投入する兵力を小規模に抑えたのである。後に、イラク国民を守るために大規模な兵力が必要になるとはまったく考えていなかったのだ。

フセインが排除された後、イラクの学校は、そこで自分の子供を学ばせている親自身によって掠奪され、病院もそこで治療を受けている患者の親族によって掠奪されている。イラクでは誰も民主主義などに興味を持っていなかったのだ。クルド人も、独裁者的なリーダーの下での独立しか考えていなかったし、シーア派の人々も、やはり独裁的なリーダーの下でまとまることしか考えていなかった。もちろんスンニ派とシーア派が互いに憎しみ合っているのは確かだが、シーア派同士でも、歴史的に互いに王朝に分かれて憎しみ合って戦った経験を持っているのだ。

さて、日本はハワイの真珠湾を攻撃するために、「この世に存在しないアメリカ」を発明しなければならなかった。自分たちの計画に、そのような存在が必要だったからだ。これと同じように、アメリカも、二〇〇三年にイラクに侵攻するために、「民主主義を待ち望むイラク人」を発明したのだ。

イラク侵攻の際に、私はアメリカの対外政策を議論するある会合に呼ばれ、おおよそ、次のような発言をした。

「イラクにはアラブ人とクルド人がいます。トルクメン人もいます。アラブ人とトルクメン人はクルド人と戦っています。イラク全体としてはスンニ派とシーア派がいます。スンニ派は歴史的に支配してきた側ですが、それは多数派のシーア派が分裂して互いに戦い、しかもそのリーダーたちは信徒たちに対してモスクの前のゴミを片付けろと指示するのではなく（実際ゴミだらけだ）、相手の派閥のリーダーが裏切り者なので殺せと指示するような人間たちだったのです。もちろんスンニ派も殺せというのです。アラブ人たちはクルド人を押さえつけなければならないという点では同意しますし、クルド人はトルクメン人を抑圧しなければならないと説くわけです」

ここまで言い終わると、突然、私の言葉をさえぎる者が出てきた。それは、私の隣に座っていたブッシュ政権を支持する識者だったのだが、彼は唐突に私に向かって、「ルトワック氏はイラク国民には民主制は無理だとおっしゃっているのでしょうか？」と聞いてきた。もちろん私は「その通りです」と答えた。それを受けて彼は、「ルトワック氏は人種差別主義者《レイシスト》です！　私は同じ席で人種差別主義者と議論することを拒否します」と言ってきたのである。

私はそれに反論して「人種差別主義者ではありませんよ、文化主義者です。イラクのような文化を持つ国には民主制度は無理です。もちろん二〇〇年か三〇〇年後には可能でしょうが、現在ではありえません」と答えたのだが、その彼は「すべての貧しい人々にも民主制度をもつ資格があり、その中で生きる権利はあります。たとえばイラクにはエンジニア（技師）の学位を持った教育程度の高い人が多数おります」と述べたのだ。

私はそれに対して「それは確かにその通りですが、彼らはエンジニアではありません。イラク国民でエンジニアの資格を持っている人々というのは、そもそもその学位そのものをエンジニア（細工）した人々ですよ」と答えた。すると彼は「また人種差別主義者的なコメントが出ましたね！」と叫んだのだ。

「人種差別主義者だ」というレッテル貼りのおかげで、このやりとりを聴いていた人々は、私の意見に賛同できなくなってしまった。

ここで思い出していただきたいのは、イギリスの知識人たちの九〇％が今でも「パレスチナ国家」の到来を信じていることだ。つまり、イスラエルはパレスチナに国家を持たせるべきだ、というのである。

「パレスチナに国家を与えたら、他のアラブの国々のような独裁的な国にはならない」と彼らは常に口にする。アラブの国々では、政治的な意見を言えばすぐに投獄されたり、殺されたり、ムチ打ちになったりするのに、パレスチナに関してだけは、なぜか「民主的な国家になるはずで、独裁国にはならない」と思い込んでいる。「自分たちに都合の良いパレスチナ人」を発明しているのだ。

この真実を知っているのは、実はイスラエルに住むアラブ人たちである。だからこそ彼らは、イスラエル国家に対してサボタージュやゲリラ活動といった反政府行動を行わない。なぜなら彼らは「イスラエル国民」のままでいたいからだ。彼らは他のアラブ諸国の国民のような境遇に陥りたくないのであり、とりわけパレスチナ国家の国民になるのを拒否しているのである。

中国の戦略的誤り

話を元に戻そう。二〇〇三年には、この世に存在しない「イラク人」がアメリカ政府によって発明された。これは、真珠湾攻撃の時に日本の軍部がこの世に存在しない「アメリカ人」を発明したのと同じだ。これが二〇〇九年の中国の場合だとどうなるか。

中国が三つの錯誤を犯したことは、すでに述べた通りだ。（A）**カネと権力の混同とい**

う錯誤、（B）線的《リニア》な予測の錯誤、（C）二国間関係の錯誤である。当時の中国では、「胡錦濤は権力を十分に行使していない弱腰政権のリーダーである」との批判が国内から起りはじめ、それを受けて、北京政府は尖閣で緊張を高めたり、海外に要求を突きつけるようになった。

ここで思い出してもらいたいのは、中国の「天下」というシステムである。「天下」という言葉によって、中国が大国であることを周辺の小国が認めるという世界観がイメージされている。二〇〇九年当時、中国のエリートたちの間で想起されていたのも、まさにこのようなイメージであった。しかしこれこそが決定的な間違いを起こす原因になったのだ。

ではなぜ、優秀な人材が溢れているアメリカ、日本、中国のような大国で、時に国策を誤るような事態が起きてしまうのか？

感情が国策を誤らせる

それは、冷静な考えが最も必要とされる瞬間に、突然の感情の激流、つまり「疾風怒濤《しっぷうどとう》」（Sturm und Drang）に人々が襲われてしまうからだ。

当時の日本は、日中戦争で中国に侵攻するも、その国土の広さや人口の多さに絶望し、ものごとがうまくいかないことに憤りを感じはじめ、日本国民の多くも軍部を批判しはじめた。先の見えない戦争を行っているように見えたからだ。そこで軍部は「戦争に勝つためにはフリーハンドを得る必要があり、それには中国側を恐怖に陥れる必要がある。それには重慶だけでなく、多くの都市に爆撃をしかける必要がある」と考え始めたのである。

さらに通商の停止や世界中でのプロパガンダ行動など、日本に対してアメリカもいろいろと牽制するようになってきた。それに対するフラストレーションもどこかで解消する必要があった。そこでターゲットにされたのが、ハワイや太平洋に駐留していたアメリカの海軍だったというわけだ。

二〇〇三年のアメリカの場合はどうであろうか？　まず二〇〇一年に九・一一事件が起こった。これはアメリカにとてつもない精神的ショックを与えた。このフラストレーションを解消するために、アメリカはたった一カ月のうちに「反撃」としてアフガニスタンに侵攻していったのだ。

アフガニスタンでは、およそ二年かけて、アメリカが苦手とするパキスタンでの兵站の積み上げといった地味な作戦を余儀なくされたのだが、ここでの問題は、アメリカが「反撃」に出た時、すでにアルカイダやタリバンは戦わずに逃げてしまっていたことだ。アメリカが拳を振り上げたのに、すでに相手はいなかった。アメリカ側が求めていたのは「戦い」であり、「破壊」であり、「殺戮《さつりく》」であり、「捕虜の獲得」だったのに、肝心の敵が存在しなかった。

アメリカのフラストレーションはいっそう高まることになった。そしてアフガニスタンでターゲットが発見できなかったために、代わりにアメリカはイラクにターゲットを探すことになったのである。サダム・フセインは九・一一事件とは何の関係もなかったのだが、とにかく彼はそこに存在しており、しかも逃げたりしないので、アメリカにとってフセインはターゲットとして好都合な存在となった。

それを正当化するために流されたのが、「フセインがアルカイダを支援しており、九・一一事件に関与している」というウソの情報であった。その真偽など関係ない。とにかくアメリカには、鬱積した感情を晴らしてくれる対象、殴りつける相手が必要だった。そしてサダム・フセインが唯一、その対象となり得そうな存在だったのである。

アメリカ政府は、まず「サダム・フセインが九・一一事件の背後にある」とみなした。次にアラブ諸国の民主制度の欠如に焦点を当て、「アラブにも民主主義を広げるべきだ」と言いはじめた。そして、「イラク国民の教育水準は高いのでサダム・フセインさえ排除すれば民主化するはずだ」という理屈に辿りついた。

これは、真珠湾攻撃と同様の戦略的な過ちである。感情的なフラストレーションが彼らの脳を支配し、国家の判断を狂わせてしまったのだ。

二〇〇九年の中国も同様である。リーマン・ショック後、世界経済が大きく落ち込んでいるなかで「中国経済は世界不況の影響を受けなかった」というニュースを耳にして、アヘン戦争、西洋列強の進出、日本の侵攻といった「百年国恥」の積年の怨みとフラストレーションを晴らす時が来たと感じたのである。そして、それを晴らすのに必要だったのが、パワーの誇示であった。だからこそ、彼らは胡錦濤を批判しはじめたのである。

もちろん中国の人々も、「胡錦濤が経済政策や安全保障で失敗した」とは言えなかった。だからこそ、代わりに「胡錦濤は中国が本来持っているパワーを十分に行使していない」と批判したのである。彼らは「中国が世界政治の舞台に登場して剣を抜いて振りかざせば、みんなが逃げて隠れる」と本気で思い込んだのである。

一九四一年・日本の弱点と二〇〇三年・アメリカの弱点

国策を誤った一九四一年の日本の弱点は、軍部が過剰に権限を持っていたことにあった。

これこそが当時の日本の構造的な弱さを示していた。これによって、感情が知性を破壊してしまう状況がもたらされたのである。

国策を誤った二〇〇三年のアメリカの弱点は、ブッシュ政権が全体として、戦争を行うような体制になっていなかったことにあった。ジョージ・W・ブッシュが大統領に就任した時の主な狙いは、減税して規制緩和することにあった。ブッシュ政権は典型的な共和党政権であった。ドナルド・ラムズフェルド国防長官のような元ビジネスマンたちは、国防費を削減し、減税を行い、規制を緩和することばかりを狙っていたのである。

ところが九・一一事件が発生すると、元ビジネスマンの政府高官たちは、突然、戦争状態に追い込まれ、慣れない「戦略」というものを扱う羽目になった。そしてアフガニスタンで「反撃」に出ようとしても肝心の相手が見つからず、代わりにイラクのフセインをターゲットにしたのだが、それを正当化するために、自分たちに都合の良い「民主化を待ち望むイラク国民」をでっち上げたのである。

外の世界を見ようとしない中国

中国の最大の弱点は、この国の歴史の長さ、規模の大きさ、そしてその複雑性から生じる、慢性的な「内向き」の性向にある。この性向は治癒が不可能なほど根深いものだ。

中国のリーダーは外の世界を見ることができない。代わりに彼らは「自分たちに都合の良い外の世界」を「発明」する。そしてこの「発明」は日々更新され、強化されていく。

たとえばＣＣＴＶ（中国中央電視台）のニュース番組を見ると映しだされるのは、習近平主席や李克強首相ら北京のリーダーたちが、毎日外国からの客をもてなす姿である。キリバス、バヌアツ、ルクセンブルク、パラグアイのような国から来た外国人たちは、北京で習近平たちにうやうやしい態度をとり、貢物を持ってきたり、握手をしたり、お辞儀をする。そうした式典の映像が日々流されるのだ。

もちろん彼らには中国のトップとして外国の賓客を歓待する必要があるのだが、結果として世界情勢を勉強する代わりに、無意味な式典のために長々と時間を割くことになる。

このような映像を日々目にする中国国民も、中国が世界の中心にあり、中国は偉大な大国である、と信じこむことになる。知識人でさえそうなるのだ。

ここからすでに述べた「三つの錯誤」が生じることになる。（Ａ）カネと権力の混同という錯誤、（Ｂ）線的《リニア》な予測の錯誤、（Ｃ）二国間関係の錯誤である。ここから「チャイナ１・０」から「チャイナ２・０」への政策転換が生じたのだが、これは、日本にとっての

「一九四一年」やアメリカにとっての「二〇〇三年」と同質の戦略的誤りだったのである。感情が冷静な思考を圧倒してしまったのだ。ただし各国の反発に直面し、「チャイナ2・0」も変更を迫られることになった。そこで彼らが思いついたのが「チャイナ3・0」であった。この「チャイナ3・0」は、大きくわけて二つの要素から成りたっている。

第一の要素は、反撃してきた側への攻撃を止めることである。ベトナムと日本との関係がその典型である。第二の要素は、ヘンリー・キッシンジャーから贈ってもらった「馬」に乗って、それを乗り回すというものだ。この「馬」とは、習近平が使い続けている「新型大国関係」という言葉である。これを別の言葉で表現すると、「G2」になる。

キッシンジャーが売り込んだG2論

「G2」について中国側が勘違いしてしまったのは、彼らがこのアイディアを気に入り、これを「二国間関係に何かをプラスしたもの」と考えたことだ。「G2」が実現すれば、中国は米国の関係だけを考えていれば良い。それ以外の他国のことは無視できる。「G2で決めた通りにやれ」と言えば済む――彼らはこう思い込んだのである。「G2」ですべてを決められるのであれば、中国は日本と煩わしい対応をしなくてもよくなり、フィリピンやベトナムとの問題も解消される、と。

この「Ｇ2」のアイディアに最初に賛同したのは、ニクソン政権やフォード政権でアメリカ政府のアドバイザーを歴任したキッシンジャーだ。三億二〇〇〇万人のアメリカ人の中で、この「新型大国関係」というＧ２論に当初から唯一賛同したのが、あのキッシンジャー博士だったのである。

キッシンジャーは、『キッシンジャー回顧録――中国』（塚越敏彦・松下文男・横山司・岩瀬彰・中川潔訳、岩波書店、二〇一二年）という中国論を書いているが、「新型大国関係」を暗示する言葉で本書の末尾を締めくくっている。そしてこれを見た中国側は、キッシンジャーが中国にとって頼りになる賛同者だと確信したのである。

実はキッシンジャーは、過去にも全く同じようなことをやったことがある。一九七〇年代のソ連に対する「デタント」の推進だ。ところがこれによって彼は国務長官の辞任を余儀なくされ、それ以降、アメリカの政権の公職にいっさい就いていない。彼は当時のジェラルド・フォード大統領を説得し、一九七四年一一月、「Ｇ2」としてウラジオストクでレオニード・ブレジネフ書記長との会談を開催したのだが、それを見たアメリカの連邦議会がキッシンジャーを排除するように動いたのである。

その背景には、アメリカの国民感情がある。アメリカ国民は、ソ連や中国のような国との「G2」を、どのような状況の下でも受け入れない。自国を独裁国家と同じにされることを嫌うからだ。これがイギリスとの「G2」であったら、相手は民主主義国家なので受け入れられるかもしれないし、フランスでも大丈夫であろう。ところがソ連や中国との「G2」だけは絶対に無理なのである。

さて、習近平は訪米時に「G2」を標榜していた。そしてその元祖となるアイディアを出したキッシンジャーも、ホワイトハウスで開催された晩餐会に招かれていた。この時点でも彼は、ワシントンの中で、いやアメリカの中で、「G2」を信じていた唯一のアメリカ人だったと言える。

たしかに「ソ連とのデタントの必要性」についての議論は、当時でも、そして現在でも、一定の説得力がある。とにかくわれわれは同じ地球上で生きていかなければならない。核の均衡という問題もある。核戦争は、人類が絶対に避けるべきものであり、だからこそ米ソは関係を築かなければならない。トップの二国が互いに連携・協議することが、核戦争を避けるための唯一の方法だ、と。

しかしそれでも、ソ連とのG2論は、アメリカ国民にとってはなかなか受け入れがたいものだった。一般国民だけではない。外交や戦略の専門家でさえそうだったのだ。核戦争の危険が伴うソ連との「Ｇ２」でさえそうだったのだから、中国との「Ｇ２」はなおさら受け入れがたいのである。

なぜだろうか？　そこには単なる国民感情とは異なる戦略的な理由もある。一言で言えば、「Ｇ２」ができると、双方が抱える同盟国のパワーがカウントされなくなるからだ。アメリカには多数の同盟国があるが、中国には（以前はミャンマーもそうだったが）パキスタンやカンボジア、それに北朝鮮くらいしかいない。よってアメリカの同盟国は、中国が民主制の超大国となっても「Ｇ２」に反対するだろう。アメリカにとっても「Ｇ２」は好ましくない。カードをたった一枚に限定することになるからだ。「Ｇ２」によって「四〇カ国以上の同盟国」というカードを無効化してしまうのである。

ではなぜ習近平は「新型大国関係」にこだわっているのか。それは「チャイナ２・０」の時に、「逆説的論理《パラドキシカル・ロジック》」が発動して周辺国から反発が生じ、自分たちが強力になったにもかかわらず、結果として制限を受けるようになったからだ。つまり、中国が強力になればなるほど、逆に力が抑えられるようになってしまったからである。月曜日に強力になり、火曜日にさらに強力になると、水曜日に他国から次々と反発が生じ、木曜日には月曜日よりも弱い立場に追い込まれる。これこそが「逆説的論理《パラドキシカル・ロジック》」のメカニズムであり、国際関係論では「バランシング」と呼ばれる作用である。

そして習近平自身も、「チャイナ2・0は、むしろ中国を弱体化させている」と気づいたのだ。日本とインド、日本とフィリピン、日本と韓国が連携し始め、中国がいつの間にか周囲を敵に囲まれていることに。そしてそのような時期に、彼は「G2」という救済策を発見したのである。これを使えば、中国はこのような苦境から脱することができるかもしれない、と。

ここでまた中国は過ちを犯した。彼らは「自分たちに都合の良いアメリカ」を発明したのである。キッシンジャー一人の考えを三億二〇〇〇万人のアメリカ国民の総意であると勘違いしてしまったのだ。

中国のG2論

なぜこのような過ちを犯したのかと言えば、世界に対して、「百年国恥」(century of humiliation) の借りを返してやりたいという感情を中国人が持っているからである。

この感情は、歴史的な経験にもとづくものでもある。たとえば秦の時代にあらわれた匈奴《きょうど》の宗主である単于《ぜんう》の例がある。

秦の時代に、匈奴という遊牧騎馬民族、つまり「蛮族《ばんぞく》」が現れた。長い戦いの後に漢の元帝《げんてい》が何をしたかというと、匈奴のリーダーであった呼韓邪単于《こかんやぜんう》に対して、宮女を嫁がせた。これはいわば「G2」の実現だ。

これによって単于は漢の「外臣」となった。しかし絹などの下賜品を与えることによって逆に匈奴は漢に依存するようになり、「蛮族」はどんどん弱体化し、最後は漢に服従するようになったのである。

中国側のG2についての考え方は、おおよそこのようなものだ。最初は対等な立場だが、中国が発展していけば、最後はアメリカが中国に依存して従属するようになる、と。そしてそうなってこそ、本来の「天下」が修復される。アヘン戦争からはじまる「百年国恥」も、すべてようやく終わりを告げるという考えだ。

習近平の訪米に関する海外メディアの報道を見ると、経済問題から南シナ海、サイバー問題まで、実に多くのトピックをめぐって米中間で議論が交わされたことがわかる。ところが、「新型大国関係」、つまり「G2」に触れたのは、中国国営の新華社通信だけだった。

彼らが「G2」にそれほど拘わるのは、彼らにとってはこれが過去の「恥辱」から自分たちを解放してくれる「救済」だからであり、「G2」というアイディアの中にこそ、彼らの「勝利の法則」が見えるからだ。

キッシンジャーの考える「G2」と中国のリーダーたちが考える「G2」には違いもある。中国にとっての「G2」とは、先の匈奴と漢の関係のようにダイナミックに変化していく関係だ。

習近平はこのような意味での「G2」を誰よりも欲しているのである。反腐敗運動というリスクを冒してまで共産党体制を維持しようとしている習近平にとって、アメリカとの「G2」の実現こそ、共産党の存続を何よりも確実に保証してくれるものだからだ。

これは習近平自身にとって緊近の課題だ。なぜなら日本の首相やアメリカの大統領とは違って、国内の権力闘争で彼自身、明日の朝にどのような状況になっているかわからないからである。だからこそ、彼はアメリカとの「G2」の実現を急がねばならないのだ。

感情に圧倒される冷静な頭脳

人類の歴史は、長きにわたる犯罪と愚行の歴史である。それに疲れ、犯罪と愚行を行うエネルギーを喪失したほんのわずかな期間にだけ平和が訪れる。

つまり人間の歴史が犯罪と愚行の歴史であるのは、人間の頭脳の冷静な働きが発揮される期間が、それだけ短いからだ。

たとえば、日本の真珠湾攻撃決定の瞬間は、人間の頭脳の冷静な働きが最も必要とされた瞬間の一つであろう。ところが、当時の東京は、軍が感じていたフラストレーションにすべてが支配され、冷静な判断のための大きなチャンスを逃してしまった。

二〇〇三年のアメリカでも、冷静な頭脳は感情に圧倒されてしまった。九・一一事件に対する復讐の感情が社会全体を支配していたのである。実際、当時はつい最近まで世界貿易センタービルの瓦礫《がれき》撤去の作業が続けられていて、現場から遺骨が次々と発見された記憶が人々の間に鮮明に残っていたのだ。

二〇〇九年の中国も同じである。アヘン戦争から始まる「百年国恥」は終わりを告げ、中国はもはや飢えてはいないし、北京の街も、下水からの悪臭はなくなって、綺麗で近代的な大都市となった。今こそ積年の恨みを晴らし、これからは世界に向かって自分たちの立場を主張していくのだ——そういう感情に支配されていたのだ。

どんな大国であっても、リーダーも、国民も、こうした激しい感情に支配され、取り返しのつかない過ちを犯しうるのである。

第4章

独裁者、習近平の真実——パラメータと変数

これまで中国が自滅的な「チャイナ2・0」、そして新たな「チャイナ3・0」へと政策を変えてきた動きを見てきた。「チャイナ2・0」のジレンマの解決法として中国が「G2」というアイディアに飛びついたこともすでに述べた通りだ。多くの日本人は、中国がアメリカに対して「新型大国関係」、つまり「G2」を提案しつづけていることに懸念を示すかもしれない。

ただしここで興味深いのは、中国がいくら「G2」に拘わったとしても、そこからアメリカの対中政策が劇的に宥和の方向に変わるかと言うと、そうはならないという点だ。実際のところ、アメリカ政府はキッシンジャーの「G2」論に反対し、それを破棄したからである。

なぜアメリカ政府は、中国との「G2」を拒むのか？ それは、アメリカが「G2」をそもそも体質的に受け容れることができないからだが、その理由をさらに理解するためには、われわれは国家に「パラメータ」と「変数」が存在することを学ぶ必要がある。

現在の、そしてこれからの米中関係を見ていく際に重要になるのも、この「パラメータ」と「変数」なのだ。

中国の第一の敵——アメリカ

ここで言う「パラメータ」とは、「国の性質」のことだ。日本語では「国体」と言ってもいいかもしれない。

たとえば現在のノルウェーの国防相は、保守党の女性である。ところが彼女のような女性政治家であっても、「ロシアがわれわれの領空を脅かしつつあるので、ロシア側の航空基地を攻撃できるステルス性能を持つF—35を購入すべきだ」と言わなければならない。これがノルウェーという「国の性質」だからである。彼らは精神的な部分で戦いの準備ができているのだ。もちろんこの「性質」は、国ごとに異なってくる。

この「パラメータ」に関して最も重要なのは、アメリカがさほど意識もせずに、中国の政治システムを破壊するような活動を行っているということだ。この活動は、アメリカ政府の政策の意図的な狙いとは無関係なところで行われている。つまりここには、アメリカの「変数」（時の政権の一時的な政策）ではなく、「パラメータ」（国の性質）そのものが作用しているのだ。

このアメリカの活動のエッセンスは三つある。第一に、アメリカが存在することだ。第二に、アメリカが静かな国ではなく「騒がしい国である」ということだ。第三に、この

「騒がしいアメリカ」は、世界中の国々を不安定化させるシグナルを無意識に送り続けているということだ。

たとえば、アメリカから日々発せられるシグナルは、日本の企業に対して、さらに多くの女性を雇用したり、彼女たちに高い地位を与えたりするよう促していることがわかるはずだ。

イスラム世界に対しても、このようなシグナルが日々発せられている。「宗教の奴隷になるな」「すべての人は自由になる権利がある」と。「女性が口紅をつけて街を歩きたいのであれば、イスラム世界の女性にも当然、その権利がある」。これがイスラム世界の男性をパニックに陥れている。そしてそれに対して、「イスラム教は女性を抑圧する宗教である」という再解釈が生まれる。

その典型的な例がある。タリバンは、二〇一五年にアフガニスタン北部の町のクンドゥーズを数日間だけ奪還したが、この時に彼らが最初に行なったのは、女性を学校に行かせないように登校禁止令を出すことであった。

大きく騒がしいアメリカが、中国に送っているシグナルにはさまざまなものがあるが、最も重要なのは、政治的なものだ。そのうち現在、中国国内に深く浸透しているのは、米国では大統領選挙が行われているというメッセージである。

アメリカの政治システムは民主制で、しかも大統領を選ぶまでに世界で最も時間をかける。アメリカ人は常に選挙を行っているのも同然だ。大統領の任期は四年なのに、選挙は二年もかかるからだ。

そして、この大統領選中のアメリカが発するノイズからは、「アメリカには不思議な人たちが存在する」ということが伝わってくる。私はこれを「ファニー・トラップ」(funny trap) と呼んでいる。面白さで引き込む罠である。

まず大統領候補には女性のヒラリー・クリントンがいる。ベン・カーソンという黒人の元医師もいる。中国でこれを見ている人々、つまり英語が理解できたり、『ニューヨーク・タイムズ』紙を読めたり、「ネットの万里の長城」を回避できる装置を持っている人々は、「アメリカとは実に不思議なところであり、次の大統領候補たちも実にカラフルな人物たちだ」というメッセージを受けとることになる。「カラフル」とは、さまざまに目立った多様な存在がいるということだ。元大統領夫人、政治経験が皆無の元医師、ドナルド・トランプのような億万長者……。

最近の『ニューヨーク・タイムズ』紙でも報じられたが、中国国内では、アメリカの大統領選挙の候補者討論会の議論を、学生ボランティアたちが勝手に中国語の字幕をつけて動画サイトにアップしている。もちろんその作業は膨大なものになるが、中国の若者は人海戦術で一語一語詳しく翻訳して字幕をつけており、それを見る中国人たちも、アメリカの大統領選挙を楽しんでいるのだ。

そうした中国人たちは、まず何を思うだろうか。「一体誰が習近平を選んだのだ？」と感じるはずだ。「オレは習近平を選んだわけではない。釣りが好きな親戚のピンおじさんが選んだわけでもない。オレの両親だって、近所の人だって習近平を選んだわけではない。では一体誰が選んだのだ？」と。この考えを突き詰めていけば、「習近平を選んだのは、北京の背広を来た男たちだ」ということになる。

こういう形でアメリカは、それほど意識せずに中国国内に多大なインパクトを与えているのである。

たとえば香港の例を考えてみてほしい。二〇一四年に香港で大規模な街頭占拠デモが起こったが、これはアメリカ在住の中国人が英語で主導したわけではなく、香港在住の中国人が中国語を使ってキャンペーンを行ったということだ。ここで争われていたのは、行政長官を民主的に選べるかどうかだ。しかも香港は、中国本土と地続きに位置している。

つまりアメリカが存在するということ自体が、日常的に、中国の政治体制を脅かしつつあるのだ。

中国の第二の敵——習近平

ここで習近平の訪米について再び考えてみよう。

彼が訪問先のシアトルでの演説で語っていたのは、実はほとんどが中国の国内事情についてであった。この時、彼が伝えようとしていたのは、「中国は世界経済的にも非常に重要な国であり、その中国は共産党によって統治されている以上、シリコンバレーをはじめとするすべてのアメリカ人は、共産党の中国とともに生きていくことを受け入れるべきだ」ということだ。さらに「われわれは民主主義体制にはならないし、それを欲してもいないし、中国風の社会主義体制を望んでいる」とも伝えようとしていた。

これは、まさしくキッシンジャーが米ソのデタントを推進する時に用いた言葉と同じだ。「互いに危険になった以上、これからは共存するしかない」というメッセージである。

私がここで強調したいのは、二〇一五年末の現時点で、アメリカには、一緒になって中国共産党を破壊しつつあるパートナーがいるということだ。そして習近平こそ、そのパートナーなのだ。というのも、彼は共産党の反腐敗運動を敢行しているからである。

反腐敗運動の究極の目的は、習近平自身が何度も述べているように、中国共産党を救うことにある。腐敗によって党は崩壊の危機にあり、党が存続するには、汚職を防がなければならない。自分が一〇〇万ドル持っていても、誰かが二〇〇万ドル持っていれば不満のタネになる。こんな汚職の悪循環を続けていれば、党は崩壊するほかない。だからこそ反腐敗運動を進めなければならない、というのだ。

ここで二つのシナリオの可能性が出てくる。まず一つは「この運動が成功する」というシナリオで、もう一つは「この運動が失敗する」というシナリオだ。

しかしこの運動が成功しても、いろいろ厄介な問題が出てくる。反腐敗運動の論理的な結論として、中国共産党党員の全員が、余計な収入を得てはならないことになるからだ。彼らの子息の多くは海外留学しており、毎年数百万円にのぼる学費を送金しなければならない。反腐敗運動のおかげで仕送りする資金が枯渇してくるようでは大変だ。

彼らの正規の給料を軒並みアップすることも考えられるが、これには莫大な資金が必要になり、国民の怒りを買うことになろう。

別の意味でも、習近平は、中国共産党の機能そのものを破壊していると言える。ある見方をすれば、この党は、そもそも非常にやる気のある人材、カネを多く稼ぐ人材に溢れた、極めて活力ある集団だった。党員であった市長の中には、一つの街を丸ごと創りあげた者や、空港を開いたり、ビジネスを呼びこんだ者もいる。つまり彼らは、汚職によって多くのカネを得る一方で、経済発展の重要な担い手となりながら、共産党に忠誠を誓ってきた人々だ。

そのカネを習近平は取り上げようとしている。しかもその代わりに、彼らの正規の給料を上げてやることもできない。党員たちが必要としているのは、二〇〇万円や三〇〇万円という額ではなく、数千万円という額である。習近平自身と同じように、自分の子息をハーバード大学のような欧米の大学に行かせている党員が多いからである。彼らの資金が枯渇すれば、その子息は帰国せざるを得ず、党員たちも野垂れ死にすることになる。この意味で習近平の反腐敗運動は、カネを求めて党内に集まる高いエネルギー、つまり共産党の「求心力」そのものを奪っているとも言えるのだ。

このように、中国の現在の政治体制は、「アメリカ」と「習近平」（の反腐敗運動）という二つの勢力から攻撃を受けていることになる。

ゴルバチョフとしての習近平

ここには強烈な皮肉《アイロニー》が存在している。習近平が反腐敗運動を開始したそもそもの動機が、ゴルバチョフ統治下におけるソ連の悲劇的な運命の二の舞になるのを阻止することにあったという皮肉だ。

そもそもミハイル・ゴルバチョフの狙いは、ソ連そのものを改革するところにあった。しかし結局、ソ連全体を崩壊させてしまった。そして習近平も同じ道を歩んでいる。習近平は中国共産党を改革しようとしているのだが、その向かう先には、党の崩壊が待ち受けているからだ。

なぜ崩壊するのか？　反腐敗運動が、党を動かす「エンジン」そのものを取り除いてしまう運動でもあるからだ。

毛沢東時代の「エンジン」は、イデオロギーであった。彼らは紅衛兵《こうえいへい》を動員して、共産主義の**イデオロギー**を共産党の「求心力」としたのである。

ところが次の鄧小平時代には、そのイデオロギーが影を潜め、その代わりに共産党の「エンジン」となったのは、**マネー**であった。そして当然のごとく、党内に汚職と腐敗が蔓延することになる。

そして習近平が登場したわけだが、彼は共産党体制を救うために「ゴルバチョフの失敗は繰り返さない」ことを目指しつつ、ソ連共産党とソ連全体を救おうとして、結果的にそれを崩壊させてしまったゴルバチョフと同じ道を歩んでいるのである。

ゴルバチョフの失敗の原因はどこにあったのか。それは、ソ連共産党の改革など誰も望んでいなかったことにある。現在の中国共産党にも同じことが言える。中国共産党のエネルギーは、当初は思想闘争やイデオロギーにあったが、改革開放以降、党員たちはマネーという形で褒賞をもらいはじめた。それによって子息を海外に留学させて、妻にＢＭＷを買ってやることもできるようになったのである。

ところがこうした褒賞すらなくなったら、中国共産党にどのようなエネルギーが残されるというのだろうか？　もしあなたがいま、中国の真面目な働き者で、習近平にとくに忠誠心もない若者だとしよう。このような状態で、あなたは中国共産党に入りたいと感じるだろうか？　むしろ党に入ることはやめて、民間企業に勤めたり、起業する方向に向かうはずだ。

こうなると、党内には、以前存在していたような「イデオロギー志向」「権力志向」「マネー志向」の強い人材がいなくなり、活力に欠けた人間だけが残ることになる。こうして、共産党は求心力を失いつつある。この意味で、習近平自身が中国共産党を弱体化させていると言えるのだ。

習近平が唯一手にしていないもの

ところで、習近平には美しい妻がいる。彼女は歌手で元女優で美人だ。習近平自身も、いくつもの重要ポストを手にしている。まず彼は中国の国家主席であり、これは世界的にどう見ても、キリバスの大統領よりは重要な役職だと言えるだろう。次に中国共産党の総書記であり、さらには中央軍事委員会の主席だ。つまり政治のトップであると同時に、軍のトップでもあるということだ。

また、彼はおそらく健康な身体を持っているようだ。そしてアメリカのホワイトハウスの晩餐会で最高のもてなしを受け、英国でもエリザベス女王や議会から歓待を受けている。その代わりに英国の政治家からは、「世界最大の民主国家であるインドのモディ首相が訪英するのを楽しみにしている」という皮肉を聞かされたのだが。

とにかくここで重要なのは、彼が健康であり、三つの重要な役職を兼任して、美しい妻をもっているということだ。しかし彼が持っていないものがただ一つある。彼に真実を伝えてくれる人材だ。誰も彼に真実を伝えていないのである。

たとえば彼に対して、「今回の訪米は完全な失敗でした」と伝えるメディアがない。つまり彼には、正確な情報をフィードバックするシステムが存在しないのである。ワシントンの中国メディアの特派員もそれを伝えないし、中国大使館の職員も真実を上層部に伝えるのを恐れており、たまに真実を伝えても、誰も聞く耳を持っていない。そもそも情報が上に伝わらないシステムになっているからだ。大使館が発表しないから、記者も報道しない。これは、現在の中国のあり方を示す、とても興味深い現象だ。

「航行の自由作戦」をめぐる攻防

アメリカは、中国の南シナ海進出を牽制するため、「航行の自由作戦」を発動している。最近、フィリピンに台風が二度直撃したことを覚えている読者もいるかもしれない。この時、米空母ルーズヴェルトがインド洋沖での「マラバール」演習からの帰路にあったのだが、この災害救助に従事していたおかげで、南シナ海の「航行の自由作戦」の開始が遅れたのである。つまり、「航行の自由作戦」は、第七艦隊と第三艦隊が連動して展開される、きわめて大規模な作戦なのだ。

この作戦に対して、中国側は予《あらかじ》め何をするかを決めていた。それは「何もしない」ということだ。

たとえば防空識別圏（ADIZ）である。中国はまずこの設置を大々的に宣言したが、それを実際に守ろうとはしていない。もしロシアがADIZを宣言し、そこに他国の航空機が飛んできたら、彼らは確実に撃ち落とすはずだ。ところが中国は宣言しておきながら、何も行動を起こしていないのだ。

彼らの考えはおそらく次のようなものだ。「アメリカは航行の自由作戦を行うが、われわれは何もしない。なぜならわれわれこそが平和を愛する人間であり、アメリカは戦争が好きな侵略的な国だ」と。

もちろんこれは北京側のプロパガンダだ。このプロパガンダは、中国国内では受け入れられる。彼らは自分たちが「弱腰」でもかまわないと考えているからだ。

ところがこのプロパガンダは、アメリカとアジア諸国には別の意味を持つ。アジアの国々がアメリカに求めているのは「善人」でいることではなく、「強者」としてのアメリカだ。彼らは、中国に対抗できる「強いアメリカ」を求めているのである。

したがって、アメリカの強さを批判する中国のプロパガンダは、実質的にアメリカを助けることにもなるのだ。そのことを中国はあまり自覚できていない。

情報のフィードバック・システムがない

インテリジェンスは、国家にとって極めて重要である。すでにスターリングラードで敗戦が確定していたにもかかわらず、ナチスが一九四五年五月まで政権の座にいられたのは、ヒトラーがナチスの親衛隊（SS）の情報部（SD、後に国家保安本部）という、インテリジェンスのシステムを確実に掌握していたからだ。

国家保安本部のトップ、ラインハルト・ハイドリヒに上げられてくる報告書は、一〇〇％事実に即したものであった。たとえばヒトラーの演説の聴衆の受けがよくなければ、その事実をそのまま書いていたのだ。つまりヒトラーが最後まで政権を握ることができたのは、正しい情報のフィードバック・システムがあったからだ。

ところがソ連にはそのフィードバック・システムがなかった。KGBがろくな仕事をしなかったからだ。もちろん本当の情報を上げていたエージェントもいたことは間違いない。ところがソ連時代末期には真実を伝える人物がほとんどいなくなっていて、ウソにウソが固められてきたのだ。

現在の中国の情報フィードバック・システムも機能していない。

たとえばミャンマーの事例がある。これは私が個人的にも知っているところだが、中国の在ミャンマー大使館が外交部に情報を上げて、国有企業（ＳＯＥ）に対してビルや道路の建設を止めるように進言している。

中国の国有企業はミャンマーの至るところで活動しており、聖なるパゴダのすぐ横に道路を作ったり、宗教的に重要な湖を埋め立てたり、立ち入ってはいけない土地で建設事業を進めたりしている。これに対してミャンマー国民は不満を述べており、中国人に対する憎しみが高まっているのだ。このような実情を現地の大使館は本国に伝えようとしたのである。

ところが北京の外交部が受けて中央委員会まで上げられたこの情報も、どこかで止められてしまった。この件に関して中国のインテリジェンス機関は全く機能しなかったのだ。彼らは、ミャンマー国民の不満が高まることによって、いずれ中国企業がミャンマーから追い出されることになると知っていたのに、それをトップに伝えなかった。

そもそもミャンマーは、中国にとって決定的に重要な同盟国である。ここに道路を建設して雲南省を通過する物流ルートを完成させ、マラッカ海峡をバイパスすることは、中国にとって死活問題となる巨大なプロジェクトだ。それにもかかわらず、ミャンマーの世情に関する重要情報を、誰も上層部に伝えなかったのである。

大使館から北京の外交部には報告されたのだが、ここには、中国政府内で外交部があまりに軽視されているという問題もある。また、インテリジェンス機関の人間も、正確な情報を伝えていなかった。彼らは「金《カネ》がものをいう」という理屈を、そのまま支持するような情報しか伝えていないのだ。「ミャンマーは貧乏な国でわれわれの資金を必要としているがゆえに、われわれには絶対逆らえない」と。

韓国から見えてくる真実

韓国の朴大統領の訪米の際にも、習近平に情報のフィードバック・システムがないこと、つまりワシントンで起こったことの真実を誰も習近平に伝えていないことが露《あら》わになった。

二〇一五年の後半、習近平の訪米直後に、朴槿恵大統領が訪米したが、合同記者会見の席で、オバマ大統領はボディー・ランゲージで怒りを露わにしたのである。「中国は（南シナ海で）国際的な規範を守るべきだ」と説いたのだ。まるで中国のメッセンジャーであるかのような朴大統領の行動を批難したのである。

この時のCNNの報道映像は、とても象徴的なものであった。というのも、このニュースの前後の画像に、朴大統領が同年の北京の抗日戦争勝利七〇周年記念の軍事パレードに参加して、他の独裁国家の首脳たちと並んでいる様子が映されていたからだ。そこにはカザフスタンのヌルスルタン・ナザルバエフ大統領やロシアのプーチン大統領と並んだ朴大統領の姿があった。オバマ大統領は、「君は独裁国の首脳たちと一緒にいたわけだから彼らのメッセンジャーガールだ」とみなした上で、彼女の前で「われわれは中国の勝手な行動をゆるさない」と主張したのである。

韓国について、ここで少し述べておきたい。

このエピソードからもわかるように、米韓同盟は先細りしつつある。なぜなら韓国はゆっくりだが確実に、アメリカの影響圏から中国の影響圏に入りつつあるからだ。

しかも韓国自身、自分たちが独立することにさほど魅力を感じていない。彼らは米国に対する現在の依存状態を、中国のそれへと取り替えたいだけなのだ。彼らは中国の「天下」に入り込みたいと熱望している、世界で唯一の国なのである。彼らは独立を恐れている。

その証拠に、アメリカからの軍の戦時指揮権の移譲を、韓国側は積極的に遅らせている。

アメリカ側は韓国側に指揮権を渡すことに合意しているのに、韓国側が拒否しているのだ。韓国に駐屯する軍隊のほとんどは韓国人によって構成されているが、いざ戦争となると、指揮権はアメリカに移ってしまう。アメリカはたった一個師団しか韓国に駐屯させていないが、戦時には、それ以外の韓国軍のすべてがアメリカの指揮下に入るのである。

たとえばいざ戦闘になって北朝鮮軍が渡ってくる橋を破壊したいとする。韓国側に戦時指揮権があれば、この橋を爆破するかどうかは韓国人自身が決めなければならない。韓国側が自ら戦時指揮権の委譲を遅らせているのは、自分たちで戦争の責任を負わなければならなくなるからだ。つまり彼らは独立をしたくないのだ。独立国家になることに興味がないのである。

ところが彼らは、アメリカへの依存から中国への依存に乗り換えることには関心がある。だからこそ、習近平との最初の会談の際、通常小国が大国に対するアプローチとは正反対のことを行ったのだ。小国というのは、大国の首都を訪問する際には、あらかじめ要求事項のリストをつくっておき、それらを一つ一つ要求するものだ。だが、彼女はそれをしなかった。

大国同士の首脳が会談するときは、その立場は対等であるべきだ。中規模国家も、なんとか同じような立場をとるべきだろう。しかし、朴大統領が北京に到着したら、本来ならば小国の代表として、両国の懸案事項である漁民の扱いなどの問題を持ち出して、北京に対していろいろと不満をぶつけて要求するべきだったのだ。

小国にふさわしいのは、イギリスの首相が訪米した時にもわかるように、ひたすら要求を主張していく態度だ。要求ばかりを並べた、イスラエルのビンヤミン・ネタニヤフ首相のオバマ大統領に対する態度からもわかる。これが小国が生き残るためのルールなのである。

ところが朴大統領は習近平に対して何をしたか。何とハルビン駅に、伊藤博文を暗殺した安重根の記念碑を建てることをお願いしたのである。これは習近平に対する、彼女なりのメッセージではあった。「あなたは日本が嫌いで、私も日本が嫌いだから、小朝鮮のお願いを聞いてよ、われわれは兄弟なんだから」と。英語で言えばcurrying favor、つまり「ごきげんとり」である。

ここで本来、彼女が要求すべきだったのは、暗殺者の記念碑の建立ではなく、漁船が我が国の領海に侵入するのを取り締まってくれ、我が国の漁民や海洋警察を殺すのは止めてくれ、ということだ。

記憶のパラドックス——戦わなかったからこそ許せない

日本の謝罪問題についても一言言っておきたい。日本は韓国に対してすでに十分すぎるほど謝罪したし、これからも謝罪しつづけなければならないだろうが、それらは結局、無駄である。なぜなら韓国がそもそも憎んでいるのは、日本人ではなく、日本の統治に抵抗せずに従った、自分たちの祖父たちだからだ。たとえば終戦直前まで、日本の軍人は朝鮮半島で夕食を楽しんで官舎に帰ってくることができた。日本の軍部の高官が街を歩いていても、暴徒に襲われる心配はなく、護衛をつける必要もなかったのである。つまり、日本の統治は、当時、大した抵抗に遭っていなかったのである。

ヨーロッパにも似たような例がある。オランダだ。ナチスドイツが侵攻してきた時、レジスタンスはあったが、オランダはほとんど抵抗せずに従った。にもかかわらず、戦後の一九六〇年代まで、ドイツのことを激しく嫌っていた。ドイツ人が休暇でオランダに行くことなどできなかった。オランダの大西洋沿岸の民宿は休暇に最適の場所なのだが、看板に「ドイツ人お断り」と書かれていたほど嫌独感情が強かったのである。

ところがその反対に、ユーゴスラビアのダルマチア地方（現在のクロアチア）では、ナチスドイツとの激しい戦闘が行われ、双方に多数の死者が出たのだが、戦後の民宿には「ドイツ人は無料」という看板が出ていた。それほどドイツ人の観光客を歓迎していたのである。

一九五五年のドイツ人は、オランダの海岸では民宿を予約できなかったが、ユーゴスラビアでは無料で泊まれたのだ。この違いはなぜ生まれたのだろうか。ユーゴスラビアではドイツ人が多数の市民を殺し、ユーゴスラビア側もそれに激しく抵抗した。だからこそ、戦後にユーゴスラビア人の多くは「俺はドイツ人と戦ったぞ！」と誇ることができた。そうして民宿で朝食も共にできるようになったのだ。それに対してオランダ人はドイツ人と戦わなかった。彼らは従っただけであり、そこが韓国人と同じなのである。

今日の韓国人は、自分たちの祖父たちを恥じている。その怨みが現在の日本人に向けられている。だからこそ、彼らは決して日本人を許せないのだ。

真実を知ることができない独裁者

話を朴大統領の訪米時の合同記者会見の席に戻そう。この時のオバマ大統領の声や態度、そして振る舞いが、朴大統領に対する怒りに満ちたものであったことはすでに述べた通りであるが、この合同記者会見が、習近平の訪米の直後に行われたという点にも大きな意味があった。

読者のみなさんも考えてみてほしい。われわれ二人が会談で交渉をしたとしよう。翌日に一方が「今後の交渉をキャンセルする」と言ったら、交渉は完全な失敗であることは明らかだ。新華社通信はこれを報じなかったが、実際に習近平の身の上に起こったのはまさにこのようなことだった。豪州でのハリス司令官のスピーチは、ホワイトハウスでの会談の「翌朝」というタイミングで行われたからだ。

ホワイトハウスでオバマ大統領は、習近平に南シナ海での人工島の建設について懸念を伝えている。それに対して習近平は、次のように回答をしている。

「人工島は、あくまで空と海の救難活動用の非軍事的な施設である」。これが何を意味するかと言えば、戦闘機を駐留させないということだ。オバマ大統領は、これで中国側には悪意はないことを確認できたと喜んでいた。実際のところ、習近平も、軍の関係者から「南シナ海では救難活動用の施設しか建設していない」と聞いていたのだろう。

ところがこの直後に、中国軍の高官が報道陣に聞かれて「そんな約束はしていない、これは軍事基地だ」と発言してしまったのである。

この明らかな矛盾について、アメリカのメディアは「習近平のトップダウン式のリーダーシップが、さまざまな問題を引き起こしている」と報じていた。ホワイトハウスの発表でも、同様の表現が使われた。

これはとても奇妙なフレーズだ。習近平はそもそも中国の三つの要職を兼任する独裁者である。そうだとすれば、トップダウン型のリーダーシップで当然だからだ。要するに、ここで判明したのは「習近平にはフィードバック・システムがない」ということだ。彼は誰にも相談できず、正確な情報も伝わっていない。彼には美しい妻がいて、三つの重要なポストを兼任して、身体も健康なのに、唯一欠いているのは、彼に真実を伝えてくれる人物なのである。

サダム・フセインも全く同じ問題を抱えていた。二〇〇三年にアメリカが最後通牒をイラクに突きつけた際、「イラク軍は戦えません、全滅します」という事実を誰も伝えなかったからである。

独裁国というのは、どこも似た問題を抱えているが、中国が厄介なのは、他の独裁国と違って国の規模が桁違いに大きく、他の大国と違ってあまりに不安定だからだ。

不安定な大国

ここでもう一度、「パラメータ」と「変数」について考えてみよう。二〇〇〇年以降の中国は、「チャイナ１・０」、「チャイナ２・０」、「チャイナ３・０」というように、ここ一五年間で三度も政策を変更してきた。おおよそ英国の対外政策は三〇年ごと、ドイツの対外政策は五〇年ごと、ソ連の対外政策は三〇年ごと、プーチンの対外政策は二〇年ごとに変わっているのに対し、中国の対外政策は一五年間で三度も変わったのだ。これがまさに「不安定」であるということだ。

また別の意味でも中国は極めて「不安定」だ。習近平が、突然、死んだら誰が次の政権を受け継ぐのかわからないからだ。

ここで明らかになってくるのは、非常に大規模な国家なのに、アフリカの独裁的な小国と同じような不安定さを持った中国が抱えるリスクだ。独裁者は毎月政策を変えることができる。それでいて、独裁者が死んだら、誰がその後を継ぐのかわからない。だからこそ私は、このような中国の特異な性質を見据えた、より現実的な政策をとることを日本に進言したい。現在の中国が抱えているリスクにきちんと向き合うべきなのだ。

つまりそこには「パラメータ」と「変数」がある。すでに述べたが、「変数」とは、その時の政府の決定によって変化する「政策」で、「パラメータ」は「国家そのものの性質」、要するに「国体」のことだ。

たとえば英国の「パラメータ」は、「英国は軍事的に強力な存在であるべきだ」というものだ。英国では現在、スコットランド国民党が勢力を拡大し、労働党も極左の党首（ジェレミー・コービン）を選んだばかりである。しかし、そうした政党間の力関係に変化が生じても、国民の意識調査では、「トライデント」というミサイルシステムの更新に一五〇億〜二〇〇億ポンドもの巨額の投資をすることや国防費を増加することについては、一貫して高い支持がある。

スウェーデンでも、現在の政権は、歴史上最も極端な左派で、トルコ系やイスラム系の議員もおり、ハマスを支持している議員もいるほどだが、それでも彼らはプーチンの行動を受けて、国防費を十数％増加することを決定している。

「パラメータ」というのは、敵がどのような規模の国であっても、それに十分対抗できるだけの防衛政策や国防体制を国民・市民が政府に対して期待する、という形で表れてくる。

ロシアの人口は一億四〇〇〇万人で、ノルウェーの人口は五〇〇万人だが、ノルウェー人はロシアに屈しない。「自国の空域にロシアの航空機が侵入してくれれば撃墜する」と彼らは堂々と述べるのである。

フランスの例も考えてみよう。オランド大統領は、「マリにすぐに出撃しろ」と軍に命じた。フランスと同じような軍備や能力を持っているイタリアの首相も、このようなことは命じられない。「パラメータ」が違うからだ。

中国の「パラメータ」は、「中国は共産主義による一党独裁国家」というものだ。しかし、先に見たように、習近平が推進する「反腐敗運動」によって共産党の「求心力」が失われ、中国の「パラメータ」自体が現在、揺らいでしまっているのである。それに加え、大統領選を始めとした、日々流れてくるアメリカからの情報が、中国共産党の一党独裁体制を根底から破壊しつつある。というのも、さまざまな候補者が名乗りを挙げる大統領選のニュースを見れば、「では習近平は誰が選んだのか？」と問わざるを得なくなるからだ。

中国国民とアメリカ

一九八九年の天安門事件の時、西側のメディアは、「中国の学生が求めているのは民主制度かもしれないが、それは西洋式のものではない」と分析していた。中国の専門家が、とくにそのようなコメントを連発していた。

西洋の「中国専門家《サイノロジスト》」の仕事というのは、「中国はわれわれと違った特殊な文化を持っている」と確認することだ。「彼らを理解しようと思うのであれば私に聞いてほしい。私は中国専門家だからだ！」と。そのようにして「中国専門家」としての地位を保とうとするのである。

ところが北京の学生たちは、天安門に、わざわざギリシャの神像をかたどった民主の女神像をつくった。その顔は、完全に西洋風である。西洋の中国専門家のウソが、ここで明らかになってしまったのだ。

香港での最近の大規模デモも、住民が自発的に「西洋化」を求めた動きだと言える。これはアメリカ人が仕掛けたものではなく、中国人自身によって主導されたもので、そこで使われていた言語も「普通話」、つまり中国語であり、だからこそ中国国内への波及効果も大きかった。

もちろん言論統制があるために、たとえば蘭州市の市民が香港の大規模デモについてどこまで知っているかは微妙だ。ところがそこに住む彼らも、トランプ候補については知っている。これは私が実地で確認したことだ。

私は最近、通訳をしてくれた美しい女性の友人と、北京から遠く離れた中国国内の奥地に三週間ほどの取材旅行に行った。現地ではあらゆる一般人と話したが、中国のことは一言も尋ねなかった。私が聞いたのは、アメリカについてであった。その時によくわかったのは、彼らがアメリカについて熟知しているということだ。まさに僻地という奥地の住民にも、アメリカの情報だけは行き届いていたのである。

ただし彼らがまったく知らされていなかったことが一つある。自国の経済情勢についてだ。「アメリカに行って少し働けば、自分たちもアウディのような大きな高級車が即座に買える」と彼らは勘違いしていた。

私は中国について自分から尋ねなかったが、自発的にいろいろ話してくれる人もいた。たとえば私が話をした一〇人中二人は毛沢東派であった。彼らは、みんな貧乏であったが平等であった時代を懐かしんでいるのだ。最低限の食事と住居は、当時の体制によって保障されていたからである。

アメリカの「潜在的勧告」

僻地の中国の国民たちが共通して知っていたのは、アメリカ人は自分たちでリーダーを選べるということだ。リーダーに問題があればクビにもできる。これが意味しているのは、オバマ大統領やアメリカ政府の政策とは無関係に、アメリカが毎日、中国の統治システムに対する破壊活動を続けているということだ。

これは「潜伏的効果」(latent effect)と呼ばれるものであるが、戦略論の世界では、これが意外なほど決定的な役割を果たすのである。なぜならそれが「パラメータ」に関わるものだからだ。

徳川幕府が日本を統治していた時代に、姫路城が果たしていた役割を考えてみよう。どこかの西国の大名が幕府に対する謀反を考えても、姫路城の近くに来て、その豪華で壮麗な城を見上げたら「やめたほうがいいかも」と思うはずだ。ここで姫路城は「潜伏的勧告」(latent suasion)の役割を果たしているのである。

この「勧告(suasion)」というのは、私が作った造語だ。ずいぶん昔に、アメリカの海軍力について書いた本で提案した造語で、これは日本語にも翻訳されている(『米国海軍戦略』川島弘三訳、鹿島出版会、一九八五年)。その邦訳本は安倍首相にもプレゼントした。

姫路城は、徳川家の親戚だった池田家が建てたものだ。幕府側はその城をそれほど気に入っておらず、閉鎖も考えていたのだが、西国の大名が参勤交代の際にこの巨大な城を見れば「謀反はやめておこう」と諦めさせる効果があるので残したのだ。つまり姫路城は

「内戦を抑止するための勧告装置」として機能していた。江戸から地理的に離れた藩では幕府に対する反乱が密かに考えられていたのだが、姫路城がそこに建っているだけで「潜在的な抑止効果」を発揮していたのである。

同じことが米中関係にも言える。アメリカ自身はまったく気づいていないが、アメリカの存在そのものが、中国に対する「勧告」となっているのだ。

オバマ大統領に「対中戦略は何か」と聞いてみれば、それなりの答えが返ってくるだろう。「中国に関しては、ハリス司令官にこれこれの指示を出して、カーター国防長官が要求した航行の自由作戦を許可した」などと説明するはずだ。

ところが現実の戦略的世界においては、そうした意識的な政策よりも、「アメリカが存在する」こと自体から生じる「潜在的効果」のほうが、はるかに重要なのである。

なぜプーチンは強いのか？

ところでここで興味深い事実に気づく。このようなアメリカの「潜在的勧告」は、かつてのソ連にはかなり効いていたのに、現在のロシアのプーチンには効いていないという事実だ。これは何を意味するのだろうか？

プーチン大統領は、世界中から「独裁的な人間だ」というイメージを持たれている。たしかに彼を「独裁者だ」ということも可能だろう。ところが彼は、単なる独裁者ではない。国民の支持を獲得するための努力を徹底しているからだ。

時折行われる選挙でも、まるで「本物の選挙」のように振る舞っている。もちろんロシアの選挙は、実際は「本物の選挙」、つまりわれわれの目から見れば、完全に民主的な選挙とは言えない面もあるが、それでも「本物の選挙」であるかのように機能しているのだ。ロシアには報道の自由がわずかに存在するし、意見を自由に表明している識者もいる。政府も国民にある程度の真実を伝えているとさえ言える。

要するに、報道の自由がある程度存在し、国民自身の意見表明も許されていることによって、プーチンはフィードバック・システムを備えていると言えるのだ。またこれによって圧倒的な支持率も可能になっているのである。国民の意識調査も頻繁に行われ、これには事実が反映されている。つまりフィードバック・システムが彼の民主的な正統性《レジティマシー》を支えているのだ。

もちろん彼を嫌う人物はいる。独裁者だと非難する人もいる。にもかかわらず、彼がロシアなりの「民主的なリーダー」として機能していることは確かなのである。

ここで重要なのは、彼自身が国民の支持を得ようとして積極的に動いているということだ。これによって、ロシア人は、「アメリカにはカーソンやトランプ、それにヒラリーがいるが、われわれにはプーチンがいる」と考えることができるのだ。そして「われわれはプーチンを選んだ」と彼らは思えるのである。

プーチンと習近平の違い

私は昨夜、ホテルに帰る途中で六本木の街を歩いていたロシア人のモデルに声をかけて、言葉を交わしたのだが、その彼女でさえもプーチンを支持していた。彼女曰《いわ》く、「アメリカ人がヒラリーを好きなように、私たちはプーチンが好きなのよ」。

ところが中国人は、「習近平をリーダーにするように指示されただけ」という感覚だ。習近平を好むかどうか、支持するかどうか以前に、「われわれはそもそも彼を選んだわけではない」と。

これは、「自分たちがプーチンを選んだ」というロシア人の感覚とは対照的だ。こうしたロシア人の感覚は、意識調査にもあらわれており、プーチンもそれを土台に政策を行っている。「デマゴーグ的である」とか「民族主義的である」と彼は非難もされているが、そのような非難は、彼が民主的なリーダーであることの証明にもなるのである。

第5章

中国軍が尖閣に上陸したら?——封じ込め政策

ここまで、二〇〇〇年以降から現在までの一五年ほどの中国の戦略の変化、その不安定な要素、そして弱点などを見てきた。これらを踏まえて、本章では日本が中国に対してとるべき姿勢や対策を具体的に提案し、戦略家としての私自身の考えを惜しみなく披露するので、日本の皆様にはぜひ耳を傾けてもらいたい。

まず、現在の日本が直面しているいくつかの問題について考えてみよう。

当面の課題として、日本は以下の二つの問いに答えていく必要が出てくるだろう。一つはロシアに関わる課題で、もう一つは中国に関わる課題だ。

日本の課題――シベリア開発への協力

最初の課題は、ロシアのシベリア開発をどこまで援助できるかだ。これにも中国が関わっている。中国がシベリアの資源を獲得してしまうと、自己完結型の圧倒的な支配勢力となってしまう。シベリアを当てにできない中国は、船を使って天然資源を輸入する必要があるため、海外に依存した状態となる。この場合、必ず「アメリカの海」を通過しなければならない。

今から五〇年後を考えてみよう。アメリカは新たな空母をいっさい建造しなくとも、

「海洋《マリタイム》パワー」を保持していることで、依然、支配的な立場にあるはずだ。これは、ジブチ、ディエゴガルシア、ペルシャ湾地域にある諸同盟国、そしてエジプトの港を使用できることを意味する。

一方、中国は空母を二〇隻建造しようとも、「制海《シーコントロール》」は不可能だろう。なぜなら彼らがどこにいようとも、すべての港にはアメリカ軍が存在して、その奥の陸地にはアメリカの航空機が駐留し、アメリカの友好国や同盟国に囲まれることになるからだ。中国の最大の弱点は、アメリカと紛争を絶対に起こせない、という点にある。

ところがロシアを吸収できれば、中国はその弱点を克服できる。これによってわざわざ「海洋パワー」になる必要はなくなるからだ。この意味で、シベリアを中国の手に渡さないことは、日本にとって決定的に重要なのである。

もちろん日本政府にとって最大の問題は、ロシアが反米姿勢を貫いていることだ。とりわけプーチンは、アメリカに対して非常に扇動的であり、アメリカの対外政策を阻害し、現時点ではオバマ政権に大きな恥をかかせている。というのも、プーチンは、シリアでタフな姿勢を見せつけることによって、オバマ大統領の優柔不断さや判断ミスを際立たせているからだ。

アメリカは五〇〇〇万ドルを使って何を為し遂げたか。シリアで五人の味方をつくっただけだ。アメリカの訓練を受けたそれ以外の人間は、アメリカの味方にはならず逃亡してしまった。アメリカの武器を渡されて訓練を受けた彼らは、むしろすぐに脱走して武器を売ったり、シリア軍側に寝返って戦いはじめたのである。

アメリカとのバランス

日本にとってロシアとの関係が重要だとしても、日米関係はそれ以上に重要である。現状で日本がロシアとの協力関係を進めようとすれば、アメリカからの批判を免れない。とりわけプーチン大統領との首脳会談は、シリアで失敗したオバマ大統領に、さらに大きな恥をかかせることになる。したがって、誰が日本の対外政策を担当しようとも、その人物はロシアとアメリカとの間のデリケートなバランスをうまく管理するしかない。

冷戦期の日ロのビジネス関係は、外務省の制限を受けていた。たとえば日本の商社がシベリアから一定量以上の木材を買うことは許されず、カナダやアメリカから買わざるをえなかった。これは外務省が指示を出していたからだ。

もちろんこれは冷戦期にはまったく正しい政策だった。ソ連は戦略的な敵であり、世界経済においても、まったくポジティブな役割を果たしていなかったからだ。

ところが、冷戦後は違う。ここでは長期的な戦略を考えなければならない。中国がこのまま成長拡大を続ければ、ロシアはどこかの時点で、自らアメリカや日本の側につく必要に迫られる公算が高い。ロシアは現在、シベリアをコントロールし、中央アジアも支配しているが、いずれ巨大になった中国に脅威を感じるようになる。そうなるとロシアは、現在の政策を変更せざるを得なくなり、日米の側につくことになるのだ。

言い換えれば、中国の強大化によってもたらされるのは、中国が日本を支配する事態である前に、ロシアが仲間を変えるという事態だ。この時点でロシアには他に選択肢はない。日本および日米同盟と、歩調を合わせるほかないのだ。これは、ロシアが、日米の側について、中国に対するバランシングを行うということである。もちろん中国が民主化して、地方分権型のさほど脅威を与えない国家になれば、バランシングは起こらない。

逆に短期的には、今日の日本政府の日常業務のなかで、アメリカとの連携は最優先事項だ。そういうなかで同時に長期的な視点も見据えながらロシアとの関係も構築していくのは骨の折れる作業だが、日本にとって極めて重要なのは明らかだ。

日本の課題——中国の脅威への対処

日本にとっての第二の課題は、直接中国に関わるものだ。

過去六年間の日本の政策の主軸は、「チャイナ2・0」への対抗にあった。「チャイナ2・0」は日本にとって大きな挑戦であった。これが、日本の領土の保全に対する挑戦でありながら、日本は国家安全保障面でアメリカから独立していないからだ。だからこそ、中国からのあらゆる圧力は、アメリカ側にそのまま受け渡される形となった。いわば、アメリカへの「バックパッシング」(buck-passing)、つまり「責任転嫁」である。

ここで、日米関係に厄介な問題が生じることになった。「中国の脅威から積極的に守ってくれ」という日本からのアメリカに対する要請が、微妙な問題を生じさせるからだ。

もちろんアメリカが戦略面で日本を守ること自体には、何ら問題はない。第一に、ミサイル防衛システムはすでに日本に存在するし、第二に、日本に対する戦略的脅威、つまり誰かが侵攻してくるような脅威に対しては、米軍基地があり、空母も派遣されているからだ。ところが中国の脅威というのは、その性質が異なる。日本本土への侵攻というより、離島の占拠だからだ。率直に言って、アメリカは、現状では日本の島の防衛までは面倒を見切れないのである。

たしかにアメリカという同盟国は、日本を「守る」能力と意志を持っている。しかし、この「守る」とは、「日本の根幹としての統治機構システムを守る」という意味である。中国軍が日本の本州に上陸しようとしても、アメリカはそれを阻止できるが、そのアメリカも、ほとんど人が住んでいないような、日本の一つ一つの島まで積極的に守ることはできない。端的に言って、これらを守るのは、完全に日本側の責任だ。

つまりアメリカは、核戦争や大規模戦争の抑止はできているし、大規模な戦争を戦う準備もできているが、日常的な小さな脅威は、日本が自らの力で対処すべき問題なのである。

日本に必要な二つの要素――ハードとソフト

中国のこのような脅威に対処するには、日本には二つのことが必要だ。

一つは、艦船や戦車といった物理的装備、つまり「ハード」だ。もう一つは、日本が自分の領土を自分で守るための安全保障関連の法整備、いわゆる「ソフト」である。「ソフト」が必要なのは、軍事行動において正統性《レジテイマシー》を担保しなければならないからだ。さらに、その軍事作戦がアメリカと協力できるものでなければならない。これにも集団安全保障体制という「ソフト」が必要になる。

このような要件の実現には、憲法改正までは必要ないだろう。しかし少なくとも日本国内で「これらはクリアすべき要件である」というコンセンサスはなければならない。もし島を失いたくなければ、それを守らなければならない。そしてそれを守るためには、そのための物理的な手段（船、飛行機など）と、法制上の整備と、政治的コンセンサスが必要となるのは当然だ。一つの例を使って説明しよう。

先にマリへの進駐をフランス軍に命じたオランド大統領に言及したが、彼はその命令を電話一本で伝えたのだ。日本がもし尖閣を守りたいのなら、日本のリーダーにもこのくらいの意識が必要になってくる。より具体的に言えば、（A）「領土を守る」という国民的コンセンサスと、（B）それを実現するためのメカニズム、つまり電話をとって自衛隊に尖閣奪還を指示できる仕組みの両方が必要になる。

これは国会の承認を必要としないものでよい。なぜなら自国の領土を守るには、スピードと自律的な動き、それに信頼性が不可欠だからだ。要するに、現在、日本がある島を実効支配できているとしても、他国に占拠された時にすぐに奪還できる仕組みがなければ、その島を「守っている」とは言えないのだ。

最も致命的なのは、日本が実際の行動を始める前に、アメリカに頼って相談するというパターンだ。もちろん日本政府がアメリカに事実を伝えるのは重要だが、相談してはならない。それでは「日本がアメリカに助けを求めている」という形になってしまうからだ。アメリカも一つ一つの小さな島を守るための適切な部隊はもっていない。本州上陸を阻止できても、小さな島を奪還するような機能は別物だからだ。

ここから日本が自国の安全保障をすべてアメリカに依存することから生じる、マイナス面が明らかになる。自国の小さな島すら自分で守れないこと、日本がこのような「独立的」な機能をもたないことが、むしろ日米関係を悪化させる方向に向かわせるからだ。

これではアメリカ側は「日本はわれわれに要求しすぎだ」と感じ始めるだろう。「日本はわれわれに核抑止を求めている。これは提供できる。大規模な侵攻の抑止？　これも提供できる。中国・ロシアの空爆？　これにも対応できる。ところが島嶼奪還のような能力までは期待されても困る」と。これは日本が自分で担うべき責任の範囲なのである。

アメリカは大戦争のための大きな船は持っているが、小さな紛争のための小さな船は、日本が自分自身で用意しなければならない。もしそのような責任すら放棄すれば、日米同盟に政治的、心理的、理論的に「重荷」を背負わせることになり、結局、同盟関係を弱体化させることになる。

他国の島をとって基地を建設してしまうような中国に対抗するには、島を占拠されても、誰にも相談せずに迅速に奪還できるメカニズムが不可欠である。国家が領土を守るには、そういう覚悟が必要なのだ。それ以外の選択肢は存在しない。

ここで肝に銘じておくべきなのは、「ああ、危機が発生してしまった。まずアメリカや国連に相談しよう」などと言っていたら、島はもう戻ってこないということだ。ウクライナがそのようにしてクリミア半島を失ったことは記憶に新しい。

「チャイナ4・0」

これまで「チャイナ1・0」から「チャイナ3・0」に至る中国の対外政策の変遷を見てきたが、ここでは、いよいよその後に想定される「チャイナ4・0」が一体どのようなものになるかを考えてみたい。

私は習近平の政策《ポリシー》アドバイザーではないが、一つだけ断言できるのは、私がここで提案する「チャイナ4・0」が、中国にとって究極の最適な戦略であるということだ。と同時に、現在の中国にはおそらく実行不可能ということだ。そもそもこれを中国に提案すれば、反発を受けるのは間違いない。彼らには想像もつかないアイディアだからだ。

「チャイナ４・０」が中国にとって最適な政策となるには、習近平が対外政策において次の二つを実行する必要がある。

一つは、例の「九段線」、もしくは「牛の舌」の形で知られる地図を引っ込めること。つまり南シナ海の領有権の主張を放棄することだ。これによって、インドネシア、マレーシア、ブルネイ王国との領有権問題を解消できる。もう一つは、空母の建造を中止すること。これによって、アメリカの警戒感を解消できる。

もちろんこのような政策の劇的な転換は、中国国内では政治的に受け入れがたいだろう。まず人民解放軍も、民族主義者も、大きな不満を感じるだろう。中国の「面子《メンツ》」に大きなキズをつけることになるからだ。

ところがすでに述べたように、そもそも九段線の元となった地図は、中国が実効的な支配力をほとんど持たなかった時期に国民党の軍の高官が酔っぱらいながら描いたものだ。こんな馬鹿げたでっち上げの地図に拘わる必要など始めからない。空母の建造も、中国にとってカネの無駄遣いでしかない。

もちろん、習近平にとって、このアイディアを思いつくことさえ不可能だろう。万一思いついても、彼は人民解放軍に殺されるかもしれないし、人民解放軍がわざと対外危機を起こすかもしれないが、それは誰にもわからない。

いずれにせよ、ここで言えるのは、中国にとって最適な「チャイナ4・0」を思いつくには、かなりの想像力が必要だということだ。もちろん全く不可能というわけではないが、中国人にとってはかなり難しいと言える。それは、彼らが「戦略」を理解するのが不得手だからで、そもそも彼らが「外国」というものをうまく理解できないからだ。

一般に外国についての理解度は、国の大きさに反比例する。基本的に国の規模が大きくなれば、外国についての理解度も落ちるのだ。さらに中国の場合にはそこに「天下」という世界観、「冊封体制」というメンタリティーが付け加わる。そのため彼らはますます外国を理解できなくなるのだ。

今日の中国のリーダーたちは、外国からの訪問者を毎日のように迎えている。バヌアツ、キリバス、ポーランド、ルクセンブルクなどの国の使節たちだ。そして腰を据えて現実の世界で起こっていることについて書かれた本を読む代わりに、彼らは意味のないセレモニーに参加するのである。

習近平に面と向かって、「あなたが戦略を誤まるのは、外の世界に関心を持たないからだ」と言えば、「何だって？　私が外国のことを知らないなんて言わせない。今日だって何時間も外国の使節を出迎えていたぞ！」と返してくるだろう。ところがそこには中身はない。ただ「中国が天下である」ことを示す式典が、無意味に続けられるだけだ。そして彼らはその映像をテレビで中国国内に流すのである。これはむしろ国内向けのパフォーマンスで、国民は「われわれのリーダーは世界中から尊重されている」と思い込むことになる。

中国は、外国を理解できず、それゆえに外国とまともな交渉もできない。中国が「戦略」を理解できていないというのは、こういう意味である。外国の使節を招く無意味な祝賀行事は、その象徴と言える。

ロシアの戦略文化

先に尖閣を例にして述べたように、ロシアと中国の戦略文化は対照的だが、この違いはどこから来るのか。

まずロシアの国家としての歴史的な経験は、次のようなものである。ロシアは世界最大の国土をもち、ソ連崩壊でかなりの国土を失いつつも、あいかわらず世界最大の国である。しかもこの国土は誰かに与えられたものではなく、彼ら自らが征服したものだ。実際のところ、彼らは多数の民族を支配下においており、しかもその支配は効果的で、最小限度の暴力で統治されている。

つまり彼らは「成功した帝国」であり、それを自らの力で獲得した。ではどのように獲得したのかと言えば、彼らの奇妙な習慣、つまり「戦争すると必ず勝つ」という習慣によってである。

たとえばドイツ人は、ロシア人よりもはるかに勤勉で、野望もそれほどなく、テクノロジー面でもはるかに進んでいるのに、戦争では必ず負ける。ドイツは戦争に負け、ロシアは戦争に勝つ。それが歴史の教訓だ。

ドイツが戦争に勝ったのは、ドイツ帝国になる前（一八七一年）だけだ。他方、ロシアは、唯一の例を除いてすべての戦争に勝ってきた。その唯一の例とは、一九〇四～〇五年の日露戦争である。クリミア戦争（一八五三～五六年）の時は、イギリス、フランス、オスマン帝国、イタリア（サルデーニャ王国）という当時のすべての大国を敵に回しながら（スペインとドイツは参加していなかった）、ほとんど何も失わなかった。

ただその彼らも、日本だけは打ち負かすことができなかった。それは、東郷平八郎提督を始めとする日本軍が優秀だったからだ。しかし、それ以上に、ここでも実は「戦略の逆説的論理《パラドキシカル・ロジック》」が大きく物を言っているのである。「大国は小国に勝てない」のであり、当時のロシアは大国で、日本はまだ小国であった。ロシアもこの原則から逃れることはできなかったのである。

　バランシングの理論からも、これは当然である。小国は大国から支援を受ける。当時、他の大国は、ロシアがあまりにも巨大であるために恐れていた。それゆえ日本には、同盟を結んでいたイギリスだけではなく、アメリカなどからも支援があった。日本は世界中からサポートを受けたのだが、それは日本が小国だったからである。

　過去の歴史から分かるのは、国家の性質というものが二つの要素によって構成されている、ということだ。

　一つは物質的に計測可能な要素、つまり人口、経済規模、テクノロジー、軍事力、兵器などである。もう一つは、物質的に計測不可能な要素、つまりその国の精神や文化であり、ここでは「戦略文化《ストラテジック・カルチャー》」と名づけておきたい。

　ロシアの「戦略文化」というのは、帝国主義的な性格をもっており、プーチンが国民に対して発するメッセージに明確に示されている。

「われわれはフランスのようにエレガントになれない。イタリア人のように食事を楽しめない。アメリカ人のようにリッチになれない。それでもわれわれのロシアは『帝国』なのだ。私は『帝国』の大統領であり、その領土を失うような失敗はしない」

そして、これにロシア国民も同意している。これがロシア人の精神で、ロシアの「戦略文化」として、こうした国民的コンセンサスがあるのだ。言い換えれば、これがロシアの「パラメータ」である。

この「戦略文化」という見方によって、イギリスとイタリアの違いも説明できる。経済規模はほぼ同じで、物質的に計測できる要素だけを見れば、イタリア軍は英国軍よりも規模が大きいくらいだ。だが、イギリスのほうが国際政治に大きな影響力を持っている。その決定的な違いを生むのが「戦略文化」だ。

ロシアの戦略文化は「勝利的《ヴィクトリアス》」で、イギリスやアメリカの戦略文化も「勝利的」だ。それに対して中国の戦略文化は「勝利的」ではない。中国は、イタリアやドイツと同様に、戦争に負ける文化を持っているのである。

戦略文化が弱いのは、それなりの理由がある。中国の場合、その原因は、(A)内的なコンセンサスの欠如と(B)外的な理解の欠如にある。

こうしたことは、「チャイナ2・0」でも、現在の「チャイナ3・0」でも繰り返し見られた現象である。ドイツも同様で、ドイツはヨーロッパ中のすべての国を助けているにもかかわらず、みんなに嫌われている。

エマニュエル・トッドの本でも論じられているように、ドイツはヨーロッパの他国から反感を持たれている。ドイツ人はみんなを助けるつもりで財政援助をしているのに、ギリシャ人からも、イタリア人からも嫌われている。

つまりドイツは、外国とどのように付き合ったらいいのか、本質的にわかっていないのだ。彼らは友好国を作ろうとして敵国を作ってしまうのである。自分が助けた国からも嫌われる振る舞いをしてしまうところに、ドイツの「戦略文化」の一端が表われている。

ドイツは素晴らしい軍隊を持っていた。とくに陸軍は優秀だったので、結果的にすべての「戦闘」に勝ってきた。ハインツ・グーデリアンやエルヴィン・ロンメルなど、ドイツの将軍の名は知れ渡っていたが、彼らは「戦争」には負けたのだ。

戦略文化が戦争に勝つことを阻止するようなものになっていると、軍事面でどれほど努力をしようとも、彼らは常に負けることになる。日本の真珠湾攻撃がそうであったように、戦略能力の欠如は、戦術レベルでの勝利によって補えるものではないからだ。だからこそドイツは百戦百勝しながら「戦争」に負けたのである。

中国のもう一つの戦略的誤り——「海洋パワー」と「シーパワー」

このような戦略文化の違いの他にも、中国が犯している致命的な戦略上のミスがある。これは、中国だけが犯したミスではないが、彼らは、「シーパワー」(sea power) というものを完全に間違った形で捉えているのである。

「シーパワー」とは、「海における軍事力」、つまり艦船の数や性能、その乗組員の能力や規律のことである。

この「シーパワー」は、装備や訓練を拡充することで増強できる。要するに、国民が税金をどれだけ海軍に投入できるかによって決まってくる。逆に言えば、「シーパワー」は、どの国でも自国の努力や資金の配分によって獲得できるものだ。

ところが「シーパワー」の上にはもう一つの上位概念がある。それが「海洋《マリタイム》パワー」(maritime power) だ。これは、「シーパワー」だけで決まるものではない。自国以外の国との関係性から生まれるものだ。

代表的な海洋国家であるイギリスの圧倒的な影響力は、狭義の軍事力だけでなく、友好国との軍事的、外交的、経済的、文化的な関係などに基づくもので、これらが組み合わさって「海洋パワー」という総合力を形づくっているのだ。

「海洋パワー」に対して「シーパワー」は脆い。これこそまさに中国に起こったことだ。「チャイナ2・0」では、周辺国に恐怖を与えると同時に、中国は艦船を着々と建造していた。結果として周辺国は、中国の海軍力増強を恐れ、中国海軍の艦船を歓迎するのではなく、むしろそれを嫌うようになった。

それに対し、「海洋パワー」のほうは、他国との関係性からもたらされるものだ。とくに沿岸国、島嶼国、そして半島国との関係性が重要となる。つまり、中国は海軍力を増強して、「シーパワー」を手に入れたが、代わりに「海洋パワー」を失ったのである。

この「シーパワー」と「海洋パワー」の分類は、一見すると抽象的かつ学問的なものに見えるかもしれないが、両者の区別がいかに重要かは、過去の歴史が教えてくれる。

その第一の例は、日露戦争である。とりわけ、ロシアのバルチック艦隊がアフリカ大陸を大回りして日本海までたどり着いたエピソードだ。

当時、ロシアの艦隊は、日本のそれよりもはるかに大規模だった。つまり「シーパワー」では、ロシアが上回っていた。その意味では「大国vs小国」という構図だ。ところが、ロシアの「シーパワー」は、日本の同盟国であるイギリスの「海洋パワー」によってほぼ無効化されていたのである。

バルチック艦隊は、イギリスが管理していた港で、燃料となる石炭を補給できなかった。食糧や水も積み込めなかった。船の修繕もできなかった。当時の大英帝国は、世界中の多くの港をコントロールしていたからだ。

もちろんロシアの同盟国であったフランスも帝国ではあった。だが、フランスは、ロシアにとって「使える港」を全く支配していなかったのである。そのため、バルチック艦隊にとって石炭補給が可能だったのは、アフリカでは中立国のポルトガルが支配していたアンゴラを始めとする数カ所のみであった。さらにロシア海軍は、マラッカ海峡の通過も監視されていた。インドにも行けなかった。いずれもイギリスのコントロール下にあったからだ。よって日本海に到達するまでに、バルチック艦隊はすでに疲弊しきっていたのである。日本海海戦で敗北したのも必然であった。

このように「海洋パワー」を欠いた「シーパワー」は、無力なのである。

ただし今日には例外もある。港を必要とせずに世界中を航行できる原子力潜水艦は、「シーパワー」をそのまま「海洋パワー」に直結できる存在だと言えるだろう。

「海洋パワー」と「シーパワー」を区別して、日露戦争でのロシアの敗因を見てきたが、同じ錯誤がソ連にも当てはまる。彼らは大規模な艦隊を持ち、太平洋にも軍港を持ち、多くの船舶を建造し、駆逐艦も巡洋艦も戦艦も持っていたが、結局、どこにも行けなかった。たとえば一九七〇年代に海軍力はかなり増強されたのだが、中ソ間で緊張が高まったため、ソ連海軍は至近の中国にさえ行くことができなかったのだ。もちろん日本の港も使えない。日本がアメリカの同盟国であったからだ。フィリピンの港にも同じ理由で行けなかった。

彼らが寄港できたのはベトナムだけだったが、オホーツク海からハイフォン港に行くには、中国、日本、台湾のような、敵対国のすぐ近くを通らなければならなかったのである。

同じ錯誤が中国にも見られる。中国は「チャイナ2・0」によって周辺国と余計な摩擦を起こしてしまったため、中国海軍の艦船は、日本、フィリピン、ベトナム、インドネシア、マレーシアなどの港から敬遠され、寄港するなど考えられない状態となっている。これでは中国海軍は、十分なパワーを発揮できないことになる。

『自滅する中国』のベトナムと中国に関する箇所でも論じたが、空母ロナルド・レーガンがベトナムの港に到着した時、ベトナムの政権幹部全員がヘリで着艦して出迎えた。アメリカの駆逐艦がベトナムに寄港した際も、艦長はベトナム系アメリカ人で、アメリカはベトナム側に良い印象を与えている。

要するに、ベトナムを訪問した空母ロナルド・レーガンは、アメリカの「海洋パワー」の象徴だ。良好な関係を保っている国の海軍は歓迎され、寄港して欲しいと要望されるのである。

中国は艦隊を建造しつづけるが、沿岸国、島嶼国、半島国と友好的関係を築かなければ、この艦隊はほとんど力を発揮できない。レーダーをはじめ、彼らの支援は受けられないからだ。偵察情報も得られない。政治的なアクセスも持てない。

「海洋パワー」は「シーパワー」を破壊できる。中国はこの「海洋パワー」を欠いているために、海軍力の増強が国力の増強につながらないのだ。

大国は小国に勝てない

「大国は小国に勝てない」ということは、先の日露戦争の例でも触れたが、この命題について、もう少し詳しく見てみよう。中国の戦略上の錯誤は、この点からもいっそう明らかになるからだ。世界は今後も大小さまざまな国家によって占められた場所として存続しつづけるだろう。ヨーロッパやその周辺を見て欲しい。ヨーロッパというのは、それほど広いエリアではない。それでもドイツやフランスの規模の大国が、拡大と縮小を繰り返してきた。ここで同時に注目すべきなのは、小さな国家も大国間の力比べの中で生き残ってきたという事実だ。たとえばベルギー、オランダ、デンマーク、ルクセンブルク、スイスなどであるが、彼らは国家の体裁を残しつつ、現在まで何とか存続してきた。

彼らが吸収・合併されずに生き残ることができたのはなぜだろうか？　その理由は、大国が小国に対すると、必ず大国のほうが窮地に陥るという逆説的論理《パラドキシカル・ロジック》が働くからだ。

戦略の逆説的論理《パラドキシカル・ロジック》からわかるのは、小国を倒せるのは中規模の国家であるということだ。大国は小国を倒せない。それは以下のようなメカニズムによる。

たとえば、ナチスドイツと日本に勝利したヨシフ・スターリンのソ連は、フィンランドに負けている。それは、ロシアが大国であったために、周辺国がロシアを恐れるのとは対照的に、フィンランドを恐れる国はなかったからだ。

ソ連がフィンランドを攻撃した際、スウェーデンは食糧や武器を提供した。フランスは遠征軍を組織する準備をしていた。イギリスも一個師団規模でフィンランドへの遠征軍を計画していた。

「大きないじめっ子が、弱い者いじめをしている」という構図の下、イギリスとフランスが準備を本格的に始めたので、スターリンは、フィンランドと講和し、領土の一部は獲得したが、それ以外の要求はほとんど取り下げたのだ。

ナチスドイツや日本を倒したアメリカも、ベトナムを倒すことはできなかった。それは、アメリカが大国であり、ベトナムが小国であったからだ。小国だからこそベトナムは中国からの支援をとりつけることができたのである。

もちろん中国人はベトナム人を常に嫌っているが、それでも仕方なくベトナムを助ける側にまわっている。アメリカを恐れ、ベトナムを恐れないからこそ、中国はベトナムを助けたのだ。しかもこの時は、ソ連までベトナムを助けている。さらにイギリス国民も自国政府がアメリカを支援することに反対した。イギリスがアメリカを常に支援してきたことを考えれば、これは驚くべきことである。ヨーロッパの国々は、朝鮮戦争の時はアメリカを支援したが、ベトナム戦争の時は派兵しなかったのである。

再び一九〇五年のケースで考えてみよう。日本はこの時「小国」で、ロシアは「大国」だった。小国であったために、日本はイギリスから支援を受けることができた。日本はイギリスから戦艦を購入し、旗艦であった三笠までイギリス製だったのである。

もし日本が脅威を及ぼすような大国であったら、このような事態は起こらなかったであろう。

大国は小国を倒すことができない。この戦略の逆説的論理《パラドキシカル・ロジック》のおかげで、規模の異なる国々がひしめき合い、大国が小国を脅かす際には、小国を他国が支援する構造が生まれるのだ。

ところが中規模の国家が小国を攻撃する場合には、勝利できる可能性がある。中規模国家を恐れる国はそもそも少ないので、周囲がそれに対抗しようとはしないからだ。また、小国よりも大きな国力を持っているので、中規模国家は小国を倒せる。デンマーク、ベルギー、オランダのような国が狭い地域の中で、しかも大国の隣で生き残れたのも、このような理由による。

この逆説的論理《パラドキシカル・ロジック》を中国に当てはめるとどうなるか。中国が大きくなればなるほど、日本に味方する同盟国の数は増える。日本はアメリカだけではなく、最終的にはロシアからも支援を受けられるようになるだろう。そうなると、中国が強大になってアジア地域を支配するというシナリオは全くあり得ないことになる。

中国の矛盾した二つの要素

二〇一五年現在の日本が直面している状況を整理すれば、二つの互いに矛盾した要素を含んでいると言える。

第一の要素は、中国が「巨大な人口を抱えている」ということだ。経済力は世界規模を誇り、巨大な軍事力も持っている。

第二の要素は、そうした大国の中国がアフリカの独裁的な小国と同じような、政治的不安定性を抱えているということだ。

つまり、日本の隣には、巨大でありながら先の見えない国が存在する、ということだ。習近平はこの先何十年間も統治しつづけるかもしれないし、明日、突然、死ぬかもしれない。これは日本にとって計り知れないリスクである。日本の安全保障を担う人間は、誰であれ、このような極めて特殊な状況に対処しなければならない。

封じ込め政策

では具体的に日本はどう対処すればよいのか。最も効果的な対処法は、「封じ込め《コンテインメント》」である。「封じ込め」とは、極めて受動的な政策である。意図的な計画は持たないままに、ひたすら「反応する」ことに主眼を置く政策だ。

ひたすら「反応する」には、広範囲にわたる防御的な能力を必要とする。事前に何が必要になるかは予測がつかないからだ。実際、現在の中国は、規模は大きいのに、その行く先は不確実で予測できないのである。

さらにここで中国に関して日本人が感じているであろう懸念に触れておきたい。

それは、そもそも政府が軍をコントロールできていないために、現場が暴走して「事案《インシデント》」を引き起こすのではないか、という懸念だ。

こうした懸念は、実に真っ当なもので、だからこそ、日本は「封じ込め政策」を取るべきであり、そのために幅広い範囲での多元的な能力を早急に整備すべきなのである。しかもこの政策は、受動的なものであるゆえに、いっそう事前の準備が重要になってくるのである。

たとえばこういうことだ。中国が軍の部隊を上陸させ、尖閣諸島をいきなり占拠したとしよう。そこで必要になってくる「多元的な能力」とはいかなるものか。

第一に、日本は中国を尖閣から追い出すために、アメリカの支援を必要とする。ところが公式的にはアメリカ政府は、「領土紛争では中立の立場を守る」という立場をとっているので、すべては大統領自身の決断にかかっている。そして大統領の決断は、その時のアメリカ国民のムードや感情に左右される。日本政府および日本国民はこのことを肝に銘じておかなければならない。

第二に、日本政府は、アメリカの支援を求めつつも、まずはこれに依存せず、独力で島を奪還する能力を備える必要がある。具体的にはまず海上保安庁にその主要な任務を与えるべきだろう。もちろん海上自衛隊にも同様の任務を与えることができるが、その場合、それぞれに同じ任務ではなく、個別に独立した任務を与えるべきである。海保と海自には、独自の能力と優先的な任務があるからだ。したがって、陸上自衛隊にも、占拠された尖閣に特殊部隊を送り込むことも含めて独自の任務を与えるべきだ。航空自衛隊についても同様である。制空権を掌握することによって島を隔離するのだ。

このような個別の任務それぞれが、受動的な「反応」のために必要となる「多元的な能力」を構成し、「封じ込め」政策の中核をなすことになる。中国のようなパワフルで予測不可能で不安定な国に対するにはこれ以外にない。

多元的な阻止能力

この「多元的能力」とは、自衛隊や海上保安庁にとどまるものではない。外務省も含まれる。したがって、外務省も、中国を尖閣から追い出すための独自の計画をもたなければならない。中国が占拠した場合を想定して、アメリカ、インドネシア、ベトナム、そしてEUなどへの外交的対応策を予め用意しておくのだ。

たとえば中国からの貨物を行政的手段で止める方策なども有効であろう。EUに依頼して、軍事的な手段によらずに、中国からの貨物処理の手続きのスピードを遅らせるよう手配するのだ。中国軍が、尖閣に突然、上陸したら、即座にEUに入管手続きを変更してもらい、ヨーロッパで貨物の積み下ろしができないようにし、それを他国でも実行してもらってもよい。

こうすれば、中国は、グローバルな規模で実質的に「貿易取引禁止状態」に直面することになる。もちろん彼らはケニアなど一部の国では貨物を下ろせるかもしれないが、全体としては、かなり深刻な状況に追い込まれるはずだ。

外務省はこうした措置がいざと言うとき確実に実行されるように、予め備えておかなければならない。公式に戦争開始を宣言する必要はない。単なる行政手続としてこれを行うよう要請するのだ。

このように、日本のすべての政府関係組織は、それぞれに独自の対応策を考えておくべきなのである。こうした「多元的能力」を予め備えておくことによって、尖閣に関する

「封じ込め政策」は、初めて実行可能なものとなる。中国が尖閣に上陸すれば、外務省、海保、海自、陸自、空自のすべてが予め用意していた対応策を即座に実行に移すのである。単なる非難では全く効果はない。具体的な対応策を事前に想定してすぐに実行できるよう準備しておくべきなのだ。

そこで重要となるのは、最大限の確実性と最小限の暴力である。このようなやり方こそ、中国のような国に対する適切な対処法なのである。

日本政府への提言

最後に、現在の安倍首相や日本の対外政策担当者に向けて注意を喚起して、本書のむすびとしたい。

「慎重で忍耐強い対応」というのは、通常は、ほぼすべての国に対して勧められるものである。だが、私がここで強調したいのは、中国のような、規模が大きく、独裁的で不安定な国家に対しては、それが逆効果である、ということだ。

そもそも中国は、一五年のうちに三度も政策を変更している。さらに作戦レベルや現場レベルで、ソ連でさえ決して許さなかったような軍事冒険主義が実質的に容認されている。

これに対抗するには、有事に自動的に発動される迅速な対応策が予め用意されていなければならない。中国が突然、尖閣に上陸した時、それに素早く対応できず、そこから対応策を検討しはじめたり、アメリカに相談をもちかけたりするようでは、大きな失敗につながるだろう。

現在の中国のような国家に対処するには、いわゆる「標準作戦手順」（ＳＯＰ）のようなものが必要だ。これはあらかじめ合意・準備された行動計画のことである。慎重で相談しながらの忍耐強い対応は、相手もそれができる政府でなければ逆効果なのである。

アルカイダ・マグレブのマリ占領に直面したフランスが、もし「慎重で忍耐強い対応」をしていたら手遅れになっていたであろう。国連やＮＡＴＯで対応策を練っていたら間に合わなかったはずである。しかしフランスは、予め行動計画を準備していたからこそ、迅速に対処できたのだ。

すでに述べたように、日本はアメリカを頼りにしつつも、同時に全面的には頼るべきではない。とくに尖閣問題についてはそう言える。

現在の日本は、アメリカと同盟を組みながら中国に対峙しているが、ここで決定的に重要なのは、日本側からは何も仕掛けるべきではないということだ。つまり逆説的だが、日本は戦略を持つべきではないし、大きな計画をつくるべきではないし、対応はすべて「反応的《リアクティブ》」なものにすべきなのである。これが本書の結論だ。巨大で不安定で予測不可能な中国に対し、あえて積極的な計画をもって対抗しようとするのは、そもそも馬鹿げたことであり、成功するはずがない。何が起きるかは予測不可能だからだ。したがってむしろそれぞれ独立して多岐にわたる能力に支えられた「受動的な封じ込め政策」を行うべきなのである。

真珠湾攻撃のようなアタックや、逆に平和イニシアチブなども進めずに、日本はひたすら受動的な「封じ込め政策」に徹するべきなのだ。

アメリカには、政府を批判しながら、「イニシアチブをとれ！ 戦略がない！ 計画がない！」と、「戦略」の推進を主張する愚かな人間がいる。これは全く余計なことだ。日本でこのような声が大きくならないことを祈るばかりだ。

第6章 ルトワック戦略論のキーワード

奥山真司

以上は、本書の編訳者である奥山が、ルトワックに行なったインタビューをまとめたものである。

本章では、戦略家であるルトワックが、なぜ中国に対してこのような分析を行い、最後に日本に対して「受動的な封じ込め」を提案しているのか、疑問に思ったかたもいると思うので、それに対してインタビューアーを務めた立場から、いくつかの補足的な説明をおこないたい。

後ほど「あとがき」のほうでも詳しく説明するが、本書の著者であるエドワード・ルトワックという人物は、ジョンズ・ホプキンス大学で博士号を取得し、一九七〇年代から常に戦略分野の最前線でアメリカをはじめとする世界各国の政府に対し、主に安全保障面でアドバイスやコンサルティングを行ってきた人物である。

とくにアカデミズムの世界では、本書にも何度か出てくる「戦略の論理《ロジック》」、つまり「逆説的論理《パラドキシカル・ロジック》」を提唱したことで、戦略理論の議論に革命を起こした人物として知られている。さらには実践面でも軍人や特殊作戦群のアドバイザーとして活躍している。

本書においても、自身の実体験から編み出されたと言われる「逆説的論理《パラドキシカル・ロジック》」、それに実際の中国での体験にもとづく豊富な知見が縦横無尽に展開されており、とりわけ本書の中身は、私が監訳を担当した『自滅する中国』の続編として位置づけられるものだ。さらには日本ですでに刊行されている主著『エドワード・ルトワックの戦略論』（以下、『戦略論』、毎日新聞社）のいくつかのアイディアをアップデートしたものにもなっている。

本書の全体的な流れは、まず中国が潜在的には一九七〇年代後半に開始し、二〇〇〇年以降、本格的に採用した「チャイナ1・0」という非常に成功した戦略を経て、二〇〇九年末頃の胡錦濤政権後半に「チャイナ2・0」といういわば「自滅的」な戦略を採用し、それが日本を含むすべての周辺国の反発を引き起こすに至った経緯を追い、なぜそのようなことが起こったのかを分析している。そしてその対応策である「チャイナ3・0」の現況を、主にロシアの戦略文化との比較から検討し、最後に日本はそれにどのように対処していくべきなのかを、独自の視点から提案している。

もちろんルトワック自身は中国だけを見て研究してきた、いわゆる「中国専門家」（sinologist）ではない。その視点は、どちらかといえば社会科学でいうところの「国際関係論」の理論や、さらには彼独自の「戦略理論」をベースとしたものである。この点を理解できないと、彼がなぜ中国について、他の学者たちとは違った、極めてユニークな分析を行っているのかがわかりづらくなってしまう。

本章では、本書におけるルトワックの視点を理解するための五つのキーワードを挙げて、一つずつ解説していきたい。

1　パラドックス

本書におけるルトワックの中国分析の中心的な概念ツールであり、しかも彼自身の戦略論の核心にあるものが、この戦略の「逆説的論理《パラドキシカル・ロジック》」というものだ。

ルトワックはまさにこの概念で名声を確立したのであり、戦略学における彼の最大の功績は、この概念を提唱し、さらにこれを議論したことにあると言って良い。このロジックを、ルトワック自身は「戦略の論理《ロジック》」とも言い表している。

ルトワックによれば、あらゆる戦略的行動には「逆説的論理《パラドキシカル・ロジック》」が働いており、たとえば戦争のような状況になると、こちらがAという行動を行えばBという、いわば誰でも想定できるような「線的《リニア》」な結果は、むしろほとんど発生しない。戦争や戦場のような、相手も何かを仕掛けてきたり裏をかいてくる状況では、一見すると回り道や逆効果になると予測されるような手段が勝利を導くことも多い。言い換えれば、通常は自国の相手国に対する「作用」ばかりに目がいってしまうが、それに対する「反作用」が、「作用」と同じ

戦略の階層性と逆説的論理

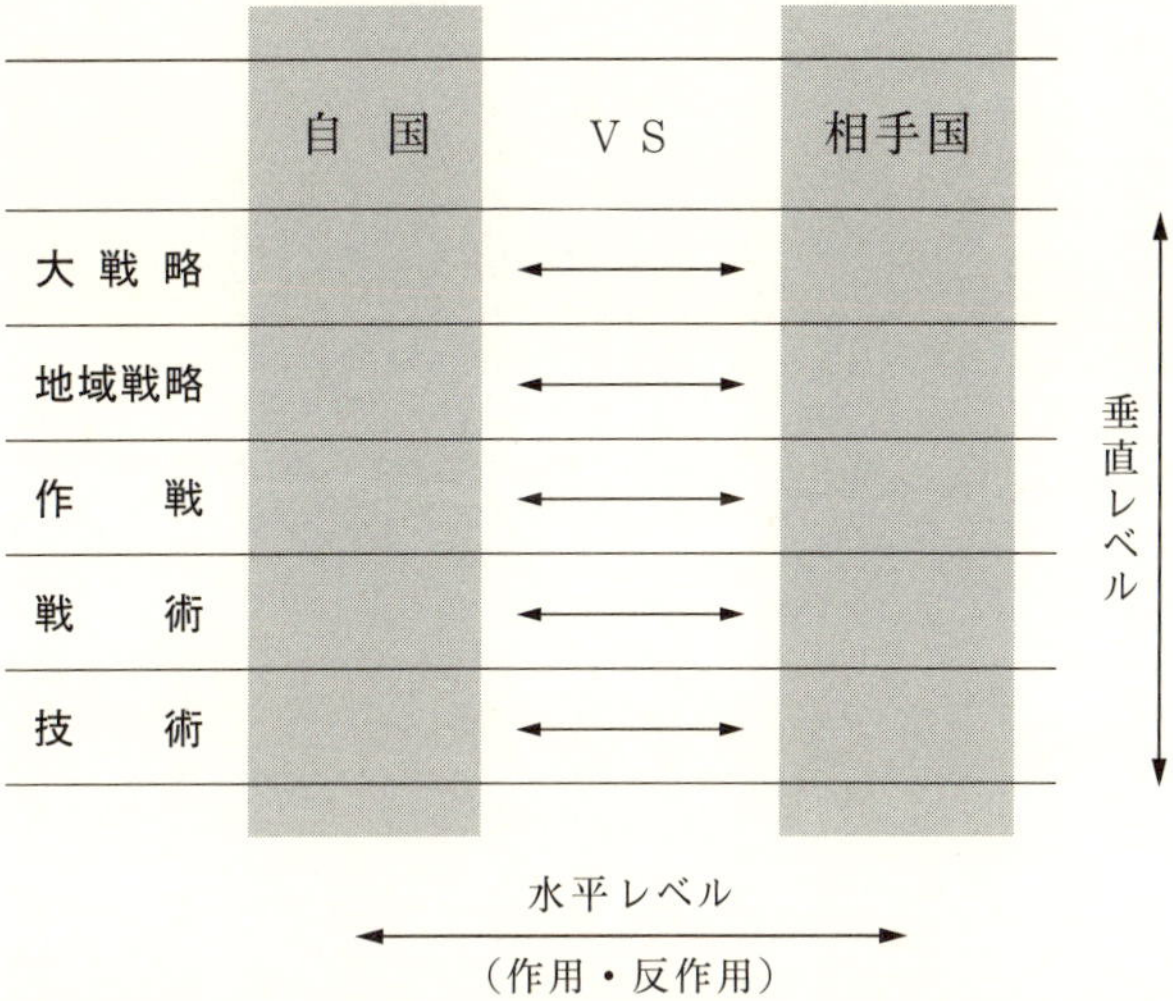

くらい、時にそれ以上に大きなインパクトを持つ、ということである(図参照)。これをルトワックは「逆説的論理《パラドキシカル・ロジック》」と表現しているのである。

　たとえば、ルトワックは以下のような説明をしている。戦争で敵を攻撃する場合、普通のいわゆる「線的《リニア》な論理」で考えると、直線で道幅も広い良路で、視界の開けた真昼に最短距離のルートで攻撃するのが合理的ということになる。ところが戦闘では往々にして、このような昼間の良路の最短距離を攻めてくることを敵側も知っているために、雨の夜に遠回りの悪路を使って攻めるほうが実際は（逆説的な意味で）合理的という事態が生じる、と。

さらにこのエッセンスをわかりやすく説明するために、彼は「今日成功した戦略は明日は必ず失敗する、なぜならそれは今日成功したからだ」という、一見すると禅問答のような格言を提示しているのだが、日本人にはことわざの「急がば回れ」という感覚が最もわかりやすいかもしれない。

ルトワックによれば、現実の戦争はこのような逆説的論理《パラドキシカル・ロジック》に満ちており、戦略を考える場合には、この論理を考慮にいれなければならないという。これが彼のスタンスだ。

ここまで聞くと、彼の説明は言い得て妙であると言えるし、感覚的にもなんとなく理解できるという人もいるかもしれない。ただし問題は、彼自身がこの概念とそのロジックをそこまで十分説明しているとは言えず、主著『戦略論』でも、必ずしも明確にしていないことだ。

彼の理論に対する批判の中には、やや的はずれなものが多いのだが、その原因もこのあたりにあるように思われる。彼の本を翻訳した個人的な見解からあえて言わせていただくが、私はやはり、彼の文章の難解さにその一因があるように思える。

たとえばルトワック批判の代表的な例として、コリン・グレイは、「ルトワックの弱点は、なぜその逆説的な論理が発生するのかを説明できていないところだ」と指摘している。ところが『戦略論』では、その発生理由は（ややわかりづらい文章ながら）意外に簡潔に言明されている。たとえば第一章では、「（生活の他の全領域とは正反対の）戦略の領域では、人間関係が、実際の、あるいは起こり得る武力紛争によって左右される」と説明されているのだが、それは闘争や競争が激化した戦時でのことであり、ルトワックの戦略論の核心にあるのは、そのような激化した状態の中でこちらに対抗しようとしてくる「相手の反応」なのである。

このような「相手の反応」があるために、戦略では彼我《ひが》の間にダイナミックな関係が発生し、これを考慮しなければ勝利は難しい、ということになるのだ。

たとえばルトワックは、本書の第1章でも以下のように書いている。

「『戦略』というものを理解しない者は、まず最初の一手を繰り出して、その次の手、そしてその次の手を繰り出していけば、それが最終的に勝利につながると考えがちだ。ところが実際には、自分が一手を繰り出すと、それに対してあらゆる反応が周囲から起きてくる。相手も動くし、状況も変わり、中立な立場にいた国も動くし、同盟国も動く。そこにはダイナミックな相互作用があるのだ」

この「戦略では相手が行ってくる反応を考慮しなければならない」というのは、一見、当然に思えるのだが、一般的な戦略論では意外に見過ごされることが多いのである。

戦略をダイナミックなものにしているのは、自由意志を持って、様々な方法でこちら側に応対しようとしてくる「相手」の存在だ。しかも状況が緊迫してくると、相手の反応の緊迫度も高まり、必然的に逆説的論理《パラドキシカル・ロジック》がより鋭く発動する、というのである。

ルトワックはこの「戦略の逆説的論理《パラドキシカル・ロジック》」をどこで思いついたのであろうか。ギリシャのヘラクレイトスやプロイセンのカール・フォン・クラウゼヴィッツなどからヒントを得ているようなのだが、よく話を聞いてみると、どうやら軍人としての自分自身の経験によるところが多いようだ。ただし『孫子』の影響があることもここで特筆しておくべきかもしれない。

たとえば主著である『戦略論』の日本語版（六頁）の中には、以下のような言葉がある。

「『孫子兵法』の最大の長所は、普遍的で変わることのない戦略の逆説的論理《パラドキシカル・ロジック》（戦わずして勝つ、など）を、古代ギリシャの風刺詩ヘラクレイトスよりも分かりやすく、カール・フォン・クラウゼヴィッツの『戦争論』よりも全体的に簡明な形で示している点にある」

ではこの『孫子』の核心にあるのは何かといえば、それは陰陽論である。

陰陽論とは、現代の日本では「陰陽師《おんみようじ》」のような呪術的でオカルトチックなものを想像する人もいるかもしれない。ところがこの概念自体は東洋思想全般にあり、自然の摂理として陰と陽の二つの要素が存在し、それらが相互に相対しつつ交わりながら永遠に循環しているという、物理的かつ非常にダイナミックな世界観を示したものだ。

日本で陰陽といえば、そこから後に発展した五行の考え方と共に、漢方やマクロバイオティックのように、食品や薬草の効用を説明したり、さらには中国に端を発する占いである「四柱推命」などに、いまだに活用されている。また、近年の研究では『易経』などと共に、中国古代の春秋時代の『孫子』が陰陽論のルーツの一つであると言われるようになっている。

たしかに『孫子』の中では、陰陽論そのものについてそれほど詳しく説明されているわけではないのだが、本文を見ていくと、土地の高低や気温の寒暖、彼我の関係性、正奇という戦術、さらには兵士の士気の状態の変化など、二つの両極端な要素が移り変わる様子を手がかりにして、戦略のダイナミックな関係性を、陰陽論的に説明する箇所にあふれている。

もちろんルトワックが逆説的論理《パラドキシカル・ロジック》の参考にしたのは、『孫子』ばかりではなく、たとえばクラウゼヴィッツの「攻撃（勝利）の限界点」（culminating point of attack/victory）が挙げられる。これはルトワック自身も「成功の極限点」という概念で言い表している。たとえば、敵陣深く攻め入って、勝利の限界点を超えると、味方の兵站線が伸び過ぎてしまい、味方の方が敗北に近づくという逆転現象が起こり得る。また、あまりにも成功しすぎた戦術や兵器は、敵が対抗措置をとりはじめることによって効果を失うという逆説もある。

これについてルトワックは、第二次世界大戦におけるドイツ軍のソ連侵攻の戦略的誤りや、朝鮮戦争における北朝鮮側の奇襲の成功からダグラス・マッカーサーの仁川上陸作戦までのエピソードを使って説明しており、結果として「戦略的な成功の果実の中には失敗の種が常に含まれている」と論じるのだ。

これは「陰極まれば陽となり、陽極まれば陰となる」という陰陽論を別の言葉でいい表したものでもある。戦略論の考え方には、洋の東西を超えた共通点があること、そしてルトワックが西洋の戦略論の中でも（おそらく無意識的に）『孫子』や陰陽論に近づいていることは、とても興味深い。

また逆説的論理《パラドキシカル・ロジック》を説明している『戦略論』の第二章で、「時間」、つまりタイミングという要素が中心テーマに据えられているのも特筆すべきだ。「戦略において今日成功したものは、明日は必ず失敗する。なぜならそれは今日成功してしまったからだ」というのは、逆説的論理《パラドキシカル・ロジック》の説明であると同時に、戦略をいつ使えばいいのかという話でもある。つまり戦略は同じでも、それが実行されるタイミングによって、成果が大きく異なってくるということだ。

西洋の戦略論では、戦略の実行のタイミングの重要性について触れたものはほとんどなく、その意味でも、ルトワックの逆説的論理《パラドキシカル・ロジック》の果たした革命的な役割は注目されていい。

2　大国論

本書におけるルトワックの視点を理解するための二つ目のキーワードは、「大国」である。

本書では、現代の例として、中国、ロシア、フランス、アメリカ、過去の例として第二次大戦時の日本が「大国」として挙げられている。ただし彼の「大国」の定義にはやや注意が必要であるが、おおよそ「戦争の必要性を正当化できる大規模国家」という意味合いで使われていることがわかる。

ルトワックの大国論で興味深いのは、「大国は小国に勝てない」という議論を展開していることだ。そのような「小国」の例として挙げられているのは、一九六〇〜七〇年代のアメリカや現在の中国に抵抗するベトナム、「冬戦争」で大国ソ連と対峙したフィンランド、そして日露戦争時の（そして現在の？）日本である。

まずベトナムの例から言うと、ベトナム戦争でアメリカが北ベトナムに勝てなかったのは、「アメリカがベトナムをいじめている」という構図がイメージされたからだとルトワックは見る。だからこそ、長年のベトナムの宿敵であった中国も北ベトナムを支援したのであり、ソ連も支援したというのだ。「大国は小国に勝てない」というのは、より正確には、「他の大国がその小国を助けるから勝てない」という意味なのだ。

日露戦争の時の日本の例がまさにそれだ。一九〇〇年代初頭に「大国」であったロシア帝国が東洋の「小国」でしかなかった日本に勝てなかったのは、他の大国、つまり大英帝国とアメリカの支援があったからであり、武器供与、航路妨害、資金調達、交渉仲介など、あらゆる面で彼らが日本を援助したからだ。

ルトワックはこの論理を現在の中国に当てはめる。たとえば南シナ海における中国という「大国」は、「小国」であるフィリピンやベトナムに勝てない。なぜならアメリカやインド、それに日本のような他の「大国」（日本が「大国」かどうかは微妙だが）が「戦略の論理《ロジック》」に則って、この二国の支援に回るからだ。「小国」を攻めた中国は、結局、他の「大国」に封じ込められてしまうのである。

ここからさらにルトワックは、独自の「海洋パワー論」を展開している。

日露戦争で日本がロシアに勝利した際にカギを握っていたのは、大英帝国である。当時の大英帝国は、すでに「大国」としての権威が陰りを見せており、そのような危機感を抱いていたからこそ、地政学の始祖であるハルフォード・マッキンダーも、日露戦争直前に「地理学からみた歴史の回転軸」という論文を執筆し、ロンドンで開催された王立地理学会の席でイギリスの今後の世界戦略（大戦略）を発表したのだ。とはいえ、当時のイギリスは、世界の海を支配し、巨大な「海洋パワー」（maritime power）を保持していたのである。

ルトワックによれば、この「海洋パワー」が、戦争の勝敗だけでなく、国際関係における戦略関係を決定づける重要な要素になる。なぜなら「海洋パワー」というのは、海軍が所有する船数によって決まる「シーパワー」（sea power）、つまり狭義の「海軍力」（naval power）だけでなく、友好国の数や経済ネットワーク、それに他国の港湾施設の使用といった、海に関する総合力として構成されているからだ。いくら「海軍力」や「シーパワー」が強大であっても、「海洋パワー」がゼロであれば、いっさい力を発揮できないのである。

日本がロシアに勝てたのは、まったく「海洋パワー」を持たなかったロシア帝国に対して、まさに圧倒的な「海洋パワー」を持った大英帝国の支援があったからであり、実際、旗艦であった戦艦三笠をはじめ、日本海軍の艦船のほとんどが英国製であった。また、重要な航路や港をイギリスが支配下に置いていたために、バルチック艦隊は対馬沖に航行してくるまでにすでに疲弊しきっていたのである。

日本は「小国」であったがゆえに「他の大国」であった英国の助けを得ることができただけでなく、その英国自身が圧倒的な「海洋パワー」を保持していたために、海戦を有利に戦うことができたのである。これは、それからほぼ四〇年後に孤立無援で、「海洋パワー」がゼロの状態で、「大国」として戦っていた大日本帝国の状況と対比させて考えてみると感慨深いものがある。

この「海洋パワー」と「シーパワー（あるいは海軍力）」の区別にもとづいて、ルトワックは、現在の中国が艦船の建造で「海軍力」を身につけつつも、その上位にある「海洋パワー」、つまり友好国の港をつなぐネットワークは構築できていないことを指摘し、そこから中国の海軍力増強は自滅的なものであると結論づけるのである。

また、ここで興味深いのは、ルトワックが「大国は大きな国力を持っているがゆえに大きな間違いを犯し得る」という、さらなる逆説《パラドックス》を指摘していることだ。

その例として挙げられるのが、日本が第二次世界大戦において対米戦争に突入するきっかけとなった真珠湾攻撃である。これは、戦術的には大成功だったが、戦略的には大失敗だった。ここで重要なのは、そのような「戦術的成功＝戦略的大失敗」を行えるのは、当時の日本のように、高い技術力と国力を持っている国だけであるということだ。ルトワックは、二〇〇三年にイラクに侵攻したアメリカの失敗にも言及しつつ、現在の中国がこうした戦略的誤りを犯していると指摘している。

3　感情論

本書におけるルトワックの視点を理解するための三つ目のキーワードは、「疾風怒濤」だ。原語は「シュトゥルム・ウント・ドラング」である。

これは、もともと一八世紀後半のドイツ文学運動に関する言葉であり、ゲーテの『若きウェルテルの悩み』に代表される、理性よりも感情の発露を強調した作風を指したものだ。ルトワックは、この言葉を比喩的に使っており、本書では、主に国民やリーダーが直面する、国家の政策を誤らせるいわば集合的な感情の高まりを指している。そして、この「疾風怒濤」に巻き込まれて、戦略的に大きな判断ミスを犯したのが、真珠湾攻撃時の日本と、イラク戦争時のアメリカだったという。

まず当時の日本は、中国戦線で国民党軍との戦いにおいて泥沼状態に陥っていた。この先の見えぬ戦いや、アメリカの仕掛けてくるプロパガンダ戦や国民党への支援に業を煮やして、そのフラストレーションの解消として行ったのが、真珠湾攻撃だったという。

もちろんここでは大国論のメカニズムも発動しており、「大国」であった大日本帝国が「小国」であった中国（国民党）を倒そうとしたら、「他の大国」であるアメリカ（そして英蘭など）が介入してくるという構図もあったことは言うまでもない。

二〇〇三年のアメリカも同様に、感情論に流されて、イラク攻撃に嵌り込んでいった。そもそもの始まりは、二〇〇一年九月一一日に起こった同時多発テロ事件だった。その直後に行われたアフガニスタン侵攻で、タリバン掃討が予想以上にうまく行きすぎて、逆に

「暖簾《のれん》に腕押し」の状態となり、アメリカ国民の怒りが収まらないまま、次の格好のターゲットとして狙われたのが、独裁者として君臨していたイラクのサダム・フセイン大統領だった。結果として、イラク侵攻は失敗だったが、このような国策の見誤りは、平時では起こりにくい。ところが戦時のような環境になると、感情に流されて、組織全体で誤った判断をしてしまうのである。

同じ誤まりを、ルトワックは現在の中国にも見ている。一九世紀半ばから日本を含む列強に侵攻されたとされる「百年国恥」という感情が中国国民の間で共有されている。そして二〇〇八年のリーマン・ショックの際に、「中国がアメリカを抜いて世界ナンバー1の国になれる」という展望がにわかに見えてきたことから、「疾風怒濤」と言えるような感情の爆発が起きた。「いまこそ欧米に指図されずに自分たちが望むようにやろう」と。中国共産党の指導層は、こうした集団心理に囚われてしまったのである。そしてこれこそが、潜在的には一九七〇年代後半から始まり、二〇〇〇年代初めに明確になり、中国の繁栄をもたらしてきた「平和的台頭」、つまり「チャイナ1・0」からの決別につながり、「チャイナ2・0」という自滅的な政策への転換をもたらすことになった。

余談だが、二〇〇三年のアメリカを支配した集団心理についてもう一つ興味深いことがある。それは、ルトワックが紹介している、ブッシュ政権寄りの識者の発言に関することだ。

本書にもある通り、ルトワックは、イラク国内の文化的な分断状況を指摘しながら、「アメリカがイラクを民主化するのはいかに困難か」について見解を述べている。そして政権寄りの識者に「イラクの民主化を信じることができず、文化的な違いばかり強調しているあなたは人種差別主義者《レイシスト》だ」となじられたのである。アメリカには、このように、文化的・宗教的な側面を強調するだけで「人種差別主義者」というレッテルを貼られやすい風潮がある。

私も個人的に経験したことがあるが、アメリカは移民の国であり、そうであるがゆえに人種的、文化的なバックグラウンドを（とりわけ公式の場で）表明することは、あまり歓迎されない。

たとえば私が専門に学んだ戦略学という分野でも、「戦略文化《ストラテジック・カルチャー》」という議論が一九九〇年代半ばから二〇〇〇年代前半にかけて盛り上がったが、アメリカでの反応は今ひとつであった。アメリカからの留学生の中には、「戦略文化」という言葉を聞いて即座に拒否反応を示す学生や、「そもそも『文化』という概念が理解できない」と答える学生もいた。話を聞いてみると、どうやら「人類には文化を超えた普遍的な性質がある」ということを心の底から信じているようなのである。しかし、このこと自体が、皮肉にも、移民国家という文化的背景の反映であろう。いずれにせよ、「人種差別主義者」というレッテルは、アメリカでは、とりわけ知識人にとって、ほぼ「死」に値する。

たとえば「文明の衝突」という概念を九〇年代前半に提唱したことで有名なサミュエル・ハンチントンは、晩年になって、それまでの文化を超えた普遍的な政治研究から、宗教や文化の要素を強調する著作を出すようになった。その一つが『文明の衝突』（鈴木主税訳、集英社、一九九八年）であり、さらに『分断されるアメリカ』（鈴木主税訳、集英社、二〇〇四年）という遺作なのだが、アメリカのアカデミックの世界で、「人種差別主義者」というレッテルを貼られるようになってしまった。そして没後に弟子たちは「ハンチントン先生は人種差別主義者ではない！」という記事を書かなければならなくなった。それほど、アメリカでは文化や宗教について論じることがタブー視されている。

本書で、「国の規模が大きいほど外国への理解度は低くなる」とルトワックは述べていて、これは中国だけでなく、アメリカにも当てはまる。さらに文化の違いを論じることを過度にタブー視する風潮が重なるとなれば、これらがアメリカの他国についての理解を妨げる要因になっているのかもしれない。

4　戦略文化というパラメータ

それに対し、ルトワックのような欧州出身の、しかも文化の分断状況を生き抜いてきたような人間にしてみれば、「人類には文化を超えた普遍性があるのだからイラクも民主化できる」という楽観的な考えなど持てるわけがない。むしろ国の違い、文化の違いを踏まえることは戦略論の基本となる。そこで本書におけるルトワックの視点を理解するための四つ目のキーワードは「戦略文化《ストラテジック・カルチャー》」ということになる。

ルトワックの分析は、基本的に「文化決定論」的な傾向を持っている。これは、すべての文化や国境を越えて適用できるとする彼自身の「戦略の論理」と対比させてみると非常に興味深い。

ルトワックにとって、ある国の文化とは、その国のいわば「国体」に近いものである。これを言い表わすのに、彼は「パラメータ」と「変数」という独自の用語を使う。「パラメータ」とは「国体」もしくは「戦略文化」であり、国家の基本方針、長年変化しない政策、「国家の性質」のようなものである。それに対して、「変数」とは、政権ごとに変わる国家の政策や姿勢のことだ。

たとえばルトワックは、中国を侵食しつつある「騒がしいアメリカの存在そのもの」をアメリカの「パラメータ」であるとみなす。アメリカは大統領選を、長期間続くお祭りのように展開していくわけだが、それを眺めながら共産党独裁体制を生きている中国国民は、アメリカの自由闊達な政治論議に魅了されればされるほど、自国の政治システムの閉鎖性を意識するようになるのだ。そのことが結果として、共産党の正統性《レジティマシー》を侵食していくことになる。

中国の「パラメータ」として挙げられているのは、その「内向き」の「戦略文化」である。

二〇一五年秋の習近平訪米で明らかになったように、中国の首脳部は、アメリカ側がまったく受け入れていない「G2論」を勝手に国内向けに喧伝している。また、彼らは、対外認識や対外政策をじっくり練り上げるよりも、外国からの賓客を招いた、形式的で無意味なセレモニーに忙しい。さらに国の規模ゆえに内政上の課題が山積し、自ずと対外政策が疎かになる。こうした要因が重なって、外国に対して独善的な態度をとりやすくなるというのだ。

さらに、孫子を崇拝している中国のリーダーたちは、「自分たちも孫子のように戦略がうまい」と勘違いしていることが、無自覚にも、対外関係をさらに悪化させているとルトワックは説く。

たしかに『孫子』は「兵は詭道《きどう》なり」として、互いの騙し合いを基本としていて、中国もそのような政治文化を持っているのだが、ルトワックによれば、これは中国の漢族同士の場合にしか通用しないという。たとえばインド訪問時に（領土問題を解決するためにビジネス訪問団を大挙引き連れて行くなどして）孫子的な政治的奇襲を行うと、かえって逆効果となって、余計な摩擦を起こしてしまうのだ。すでに述べたように、ルトワック自身は孫子を尊敬しているが、中国のように自国の文化圏の中だけで通用する自分たちに都合の良い孫子像を崇め奉っているだけでは、百害あって一利なしと批判している。孫子自身は、優れた戦略家であったとしても、総体的に「中国は戦略が下手である」とルトワックは見ている。

ルトワックは、ロシアとも比較しながら、中国の戦略文化の特徴を明らかにしている。

たとえばロシアが二〇一四年にクリミア半島を併合したことはわれわれの記憶にも新しいが、ルトワックによれば、その直前にプーチン大統領は、ロシア内の国際政治関係の識者を集め、クリミア半島をロシアが占領した場合に諸外国がどう反応するのかを徹底して聞いたという。ドイツも、イギリスも、そしてアメリカも、それほど強くロシアに抗議できないと判断した上でプーチン大統領は軍にゴーサインを出して、われわれの知るように「ハイブリッド戦争」（非正規軍、特殊部隊、宣伝工作、情報操作などさまざまな手段を組み合わせた作戦形態）という形でクリミアを「奪還」したのである。

つまりロシアは、中国と違って戦略が上手い、というのだ。たしかに冷戦では負けたが、それでも世界一の広さを持つ国土を維持し続けるのは、それなりの戦略能力なしには不可能であろう。

ルトワックは、ロシアと中国を比較して、「ロシアは戦略を除いてすべてダメだが、中国は戦略以外はすべてうまい」と表現している。やや大雑把かもしれないが、この言葉は言い得て妙といえよう。

ではルトワックは「文化主義者」なのか？「戦略の論理」は、文化の枠を超えて普遍的に通用するとしながらも、「戦略文化」という自国の文化の枠を超えた行動はなかなかとれないとして、社会科学的には受容されにくい「文化主義者」という挑発的なポジションをとっているように見える。

そしてここで一つの問題が生じてくる。ルトワックは、戦後七〇年間続けてきた「戦略文化」であるところの、「平和主義」的な政策に反するような対中戦略を日本に提言しているからだ。

これをどう理解すればよいだろうか。文化主義者のルトワックであるが、すでに「国体」と化したような日本の「戦略文化」（というか非戦文化？）を超克するような「戦略の論理」が発動すると確信しているからこそ、第5章で述べられたような、尖閣対策を提言している、ということなのか？　彼自身ははっきりと明言しているわけではないが、どうやら中国の脅威はそれだけ大きいがゆえに、日本は中国に対して明確な戦略を取れるし、取らざるを得ない、と考えているようなのだ。

5　日本の対中事案対応

本書におけるルトワックの視点を理解するための最後のキーワードは「日本の対中事案対応」である。

ルトワックはまず、中国という国の特殊な成り立ちを踏まえた対応をわれわれに提案している。その特殊性とは、（A）超大国としての人口・経済規模を誇り、その動向が世界中に多大な影響を与える潜在力を持っているにもかかわらず、（B）その政治構造はまるでアフリカの小規模な独裁国家のように不安定なものである、という二つの点にある。

たしかに習近平の後継者とみられる人物はまだ決まっておらず、独裁傾向を強める習政権が何かしらの理由で、突然、権力を失えば、中国国内が大混乱に陥ることは容易に予測できる。

このように特殊な大国である中国に、日本はどう対処すればよいか。ルトワックは、最も起こりうる有事として中国軍による尖閣占拠を例に挙げて、日本側が独自かつ迅速な対応策を予め用意しておくよう進言している。しかも、各機関相互間の調整を重視するよりも、各機関が独自の対応をマニュアル通りに自律的に行えるようにしておくべきだ、というのだ。たとえば海上保安庁は即座に中国側の上陸者を退去させて警戒活動にあたり、外務省は諸外国に働きかけて、中国の原油タンカーやコンテナ船などの税関手続きを遅らせるという具合だ。

もちろんこのような各機関の自律的な動きがかえって対立をエスカレートさせる事態も考えられるだろう。この点についてルトワックは詳しく論じていないが、とにかく「対応の迅速さを優先させよ」ということのようである。

そしてここで重要なのは、アメリカに連絡すべきだとしても、島嶼奪還自体は、日本が独自で行うべきだとしている点だ。助けを呼んでも構わないが、それに頼り切ってはならない、と。

最大の問題は、このような迅速な対応を果たして日本がその「戦略文化」を超えた形で行えるかどうかだ。

ルトワック自身は、この肝心の疑問には何もヒントを与えていない。あるいは、その克服は日本国民自身が考えるべきだ、ということなのかもしれない。本稿を書いている最中にも、ベトナムが南シナ海上のリグ設置をめぐって中国と小規模紛争を繰り返している。日本も尖閣をめぐって同じような事態に直面した場合、ルトワックが進言するような対応を行えるのか。実に心もとない、というのが私の正直な感想だ。

日本の対中戦略として、最後に一つだけ加えておきたいことがある。本書には収録されていないが、ルトワックが雑談の中で私に語ってくれた、「戦略家としての心得」というものを、ここで紹介しておきたい。

二〇一五年の夏頃だが、「中国人民解放軍は『張子の虎』（ペーパータイガー）か」という議論がオーストラリアのシンクタンクなどで盛り上がったことがあった。オーストラリアの研究者の中で、中国の人民解放軍は汚職で腐敗しており、最前線の部隊はたしかに精鋭かもしれないが、それ以外は非効率で、実戦には使えない、という議論がなされていた。日本の専門家の間でも、この種の議論をよく聞くことがある。

ところがルトワックにこの議論について意見を聞くと、「潜在的な敵国が存在し、その敵国に対する軍備や戦略を考える戦略家として取るべきなのは、保守的な態度だ」という答えが返ってきたのである。

この言葉が言わんとしているのは、戦略家というのは、相手が一〇〇隻の軍艦を持っていると「公表」されているのであれば、真偽はともかく、それを前提にして十分対抗できるだけの能力を備えるように国家のリーダーたちに進言しなくてはならない、ということだ。

このように備えておけば、いざ戦闘になり、もし相手が「張子の虎」であった場合には楽勝できる。問題なのは、相手を「張子の虎」だと見くびってしまい、備えを怠ったまま、戦闘になることだ。最悪の場合、これが原因で敗北することになるし、たとえ最終的に勝つことができたとしても、多大な犠牲を払うことになる。相手が主張するステルス戦闘機や対艦弾道ミサイルの性能を疑う調査や議論はなされてもよいが、戦略家《ストラテジスト》としては、あくまでもその性能を額面通りに（保守的に）受け取り、それに備えるべきなのだ。

最終的に言えることは、いかなる国でも自分の国は自分の力で守るしかないという、当たり前の結論だ。「世界警察」のような存在はなく、「戦略の論理《ロジック》」が発動する現実の世界で頼りになるのは、やはり自国の力だけであると痛感する。しかし逆説的ながら、日本は、世界最強の米国と同盟を組み、しかも四方を海に囲まれているという点で、まだまだ安全保障面では恵まれている存在だと言える。この状態を維持するためにこそ、われわれは「戦略の論理《ロジック》」をさらに自分の頭で突き詰めていく必要があるのではないだろうか。

訳者あとがき

本書は、二〇一五年一〇月に、著者であるエドワード・ルトワックが来日した折に私が行った、計六回にわたるインタビューを日本語に訳してまとめたものである。

日本でもすでに何冊か訳書が出版されているので、ルトワックの人物像についてはすでにご存知の方もいるかもしれないが、あらためてここで簡単に彼の経歴に触れておきたい。

エドワード・ルトワック（Edward N. Luttwak）は、一九四二年にルーマニアのトランシルヴァニア地方で、ユダヤ人一家の人間として生まれた。イタリアで少年期を過ごした後にイギリスで軍属して国籍を取得し、ロンドン大学（ＬＳＥ）で修士を修めた後にアメリカに渡り、ジョンズ・ホプキンス大学（ＳＡＩＳ）で博士号を取得している。その前後から英軍に従軍したり、イスラエル軍、それにアメリカ軍などでフリーの軍属アドバイザーとしての活動を積極的に行っており、大手シンクタンクの戦略国際問題研究所（ＣＳＩ

S）で上級顧問という肩書を使いながら、あえてアカデミックなポジションは求めずに、比較的自由な立場から、世界各地の大学や軍の幹部学校、それに各国政府の首脳に教育やアドバイスを行っている、いわゆる本物の「戦略家《ストラテジスト》」である。
デビュー作は極めて実践的な『クーデター入門』（遠藤浩訳、徳間書店、一九七〇年）であるが、そのキャリアを通じて主に軍事戦略や大戦略の分野に関心が高く、博士号論文を本としてまとめた『ローマ帝国の大戦略』（未邦訳）や『米国海軍戦略』、そして主著である『エドワード・ルトワックの戦略論』、さらには『ビザンツ帝国の大戦略』（未邦訳）など、生涯追い続けているライフワークのテーマは、大戦略や戦略理論であり、この分野ではすでに世界的な名声を確立した人物である。

ルトワック自身の戦略論のエッセンスである「逆説的論理《パラドキシカル・ロジック》」については、本書の第6章を参考にしていただきたいが、この概念の提唱によって、彼は近代西洋の戦略論に革命を起こした人物の一人とみなされ、世界各国の軍の幹部学校や大学の戦略学科などでは、すでに彼の本が必読文献のリストに入って久しい。

そのような人物であるルトワックが、自身の論理をふんだんに活用して、中国の大戦略論についてまとめたのが、二〇一三年に日本でも出版された『自滅する中国』である。その監訳を担当させていただいたことがきっかけで、その続編とでもいうべき本書を、私がまとめるご縁をいただいたという次第である。

中国に対する彼の基本的な見解は、『自滅する中国』でもすでに展開されているように「内向きで戦略が下手だ」というものである。ただ『自滅する中国』がカバーしているのは、本書で言うところの「チャイナ2・0」までである。本書は、それ以降、つまり二〇一四年秋に始まった「チャイナ3・0」をも分析し、さらに今後の「チャイナ4・0」がいかなるものになりうるか、あるいは、いかなるものになるのが望ましいかを論じている。

本書の視点や主張は、日本にも多く存在する「中国専門家」とは一線を画すものが多く、その挑発的かつユニークな着眼点は、議論を巻き起こす可能性がある。ただしルトワックの「最大の売り」は、中国そのもの（中国の戦略文化）の分析にあるわけではなく、むしろ中国のような「大国」にみられる共通項や普遍的な要素を、他の大国の例と比較しながら簡潔に提示していくところにあるのではないだろうか。

日本への独自のアドバイスも、それがすぐに実現可能かどうかはさておき、実に示唆に富む興味深いものであろう。戦略論をベースとした議論によって、読者に対して知的な問いを投げかけるのがルトワックの真骨頂である。その意見や分析に同意するかどうかは別として、「考える材料」として本書をじっくり読んでいただければ、それに関わった者として本望である。

最後に本書を書く上でお世話になった人物に対して、謝辞を述べておきたい。まずは著者のエドワード・ルトワック氏であるが、来日してすぐに本書の企画を告げられてから伊豆の温泉での取材に至るまで、まさに怒濤の忙しさの中で一緒に仕事をさせていただいたのはとても良い経験となった。折しも自分の指導教官であったコリン・グレイの主著である『現代の戦略』(中央公論新社、二〇一五年)の訳稿をまとめたり、『孫子』を読み込んでいた時期でもあったので、戦略論の面白さを改めて味わわせていただいたことを感謝している。また、『戦略論の名著』(野中郁次郎編著、中公新書、二〇一三年)の中で優れたルトワック論を記された関根大助氏、そして陸上自衛隊幹部学校教育部総合兵站教室室長の河野玄治氏には、本書の第6章を書く上でそれぞれ貴重なヒントを教えていただいた。また、本書の初期の段階の原稿をまとめて『文藝春秋スペシャル』に掲載していただく点で御尽力いただいた前島篤志氏、そして本書の編集を担当していただいた西泰志氏には、ここに記して感謝の言葉とさせていただきたい。本書が読者のみなさんを知的に刺激することを祈念して。

平成二十八年二月四日　横浜市の拙宅にて

奥山真司

エドワード・ルトワック（Edward N. Luttwak）
ワシントンにある大手シンクタンク、元戦略国際問題研究所（CSIS）の上級顧問。戦略家、歴史家、経済学者、国防アドバイザー。1942年、ルーマニアのトランシルヴァニア地方のアラド生まれ。イタリアやイギリス（英軍）で教育を受け、ロンドン大学（LSE）で経済学で学位を取った後、アメリカのジョンズ・ホプキンス大学で1975年に博士号を取得。同年国防省長官府に任用される。専門は軍事史、軍事戦略研究、安全保障論。国防省の官僚や軍のアドバイザー、ホワイトハウスの国家安全保障会議のメンバーも歴任。著書に『自滅する中国――なぜ世界帝国になれないのか』『クーデター入門――その攻防の技術』ほか多数。

訳者　**奥山真司**（おくやま　まさし）
1972年生まれ。カナダ、ブリティッシュ・コロンビア大学卒業。英国レディング大学大学院博士課程修了。戦略学博士（Ph.D）。国際地政学研究所上席研究員。著書に『地政学――アメリカの世界戦略地図』、訳書にルトワック著『自滅する中国――なぜ世界帝国になれないのか』（監訳）など。
E-mail : masa.the.man@gmail.com / Twitter : @masatheman

文春新書

1063

中国《チャイナ》4・0
暴発《ぼうはつ》する中華《ちゅうか》帝国《ていこく》

2016年（平成28年）3月20日　第1刷発行
2016年（平成28年）8月30日　第6刷発行

著　者　エドワード・ルトワック
訳　者　奥　山　真　司
発行者　木　俣　正　剛
発行所　株式会社　文　藝　春　秋

〒102-8008　東京都千代田区紀尾井町3-23
電話（03）3265-1211（代表）

印刷所　理　想　社
付物印刷　大　日　本　印　刷
製本所　大　口　製　本

定価はカバーに表示してあります。
万一、落丁・乱丁の場合は小社製作部宛お送り下さい。
送料小社負担でお取替え致します。

ISBN978-4-16-661063-1